그로스 해킹

GROWTH HACKING

데이터와 실험을 통해
성장하는 서비스를 만드는 방법

그로스 해킹

데이터와 실험을 통해
성장하는 서비스를 만드는 방법

지은이 양승화

펴낸이 박찬규   엮은이 이대엽, 전이주   디자인 북누리   표지디자인 Arowa & Arowana

펴낸곳 위키북스   전화 031-955-3658, 3659   팩스 031-955-3660

주소 경기도 파주시 문발로 115, 311호(파주출판도시, 세종출판벤처타운)

가격 15,000   페이지 256   책규격 152 x 210mm

1쇄 발행 2021년 01월 14일
2쇄 발행 2021년 04월 15일
3쇄 발행 2021년 10월 27일
4쇄 발행 2022년 05월 27일
5쇄 발행 2022년 11월 30일
6쇄 발행 2024년 04월 24일
ISBN 979-11-5839-236-9 (13000)

등록번호 제406-2006-000036호   등록일자 2006년 05월 19일
홈페이지 wikibook.co.kr   전자우편 wikibook@wikibook.co.kr

이 도서의 국립중앙도서관 출판시도서목록 CIP는
서지정보유통지원시스템 홈페이지(http://seoji.nl.go.kr)와
국가자료공동목록시스템(http://www.nl.go.kr/kolisnet)에서 이용하실 수 있습니다.
CIP제어번호 CIP2020054893

그로스 해킹

GROWTH HACKING

데이터와 실험을 통해
성장하는 서비스를 만드는 방법

양승화 지음

위키북스

" 열한 명의 뛰어난 선수들이 훈련에 최선을 다하고, 체중을 유지하고, 충분히 숙면을 취하고, 정확한 시간에 경기장에 나타나기만 한다면, 승리의 절반은 이미 이룬 셈이다. 그러나 놀랍게도 많은 구단들이 이 간단한 일을 해내지 못한다. "

《리딩》(알에이치코리아, 2016)

잉글랜드의 명문 축구 클럽 맨체스터 유나이티드 FC를 28년간 이끌면서 수많은 우승컵을 들어 올린 알렉스 퍼거슨 감독은 그의 자서전에서 꾸준한 성적의 비밀을 이렇게 표현했습니다. 그가 강조한 것은 스타 플레이어도, 뛰어난 전략이나 전술도, 불도저 같은 열정도 아니었습니다. 그는 정해진 규율을 지키고, 하루하루의 훈련에 충실히 임하며, 최선의 몸 상태를 유지하는 것이 승리의 원동력이라고 이야기합니다. 말 그대로 '기본'의 중요성을 강조한 것이지요.

알렉스 퍼거슨이 축구 감독이 아니라 그로스 조직의 리더였다면 아래와 같이 말하지 않았을까요?

" 명확한 가설에 근거해서 서비스를 만들고, 데이터를 잘 모아서 분석하고, 핵심 지표를 정의하고, 실험을 통해 이를 개선할 수 있다면 성공의 절반은 이미 이룬 셈이다. 그러나 놀랍게도 많은 회사들이 이 간단한 일을 해내지 못한다. "

많은 사람들이 '그로스 해킹'이라는 용어에 대해 나름대로의 환상을 가지고 있습니다. 어떤 사람은 그로스 해킹이 아무나 할 수 없는 특별한 기술이라고 생각합니다. 그로스 해킹이 무엇인지는 잘 모르지만, 어쨌든 그걸 하면 갑자기 매출이 두 배씩 올라간다고 막연하게 생각하는 사람도 있습니다. 뛰어난 개발자와 데이터 사이언티스트, 혹은 그로스 해커를 보유한 조직에서만 시작할 수 있는 어려운 일이라고 여기는 사람도 있습니다. 경우에 따라서는 성공한 서비스의 비밀을 설명하는 마법 같은 용어로 그로스 해킹이라는 단어를 사용하기도 합니다.

하지만 이러한 선입견과는 달리 그로스 해킹의 본질은 놀랍도록 단순하고 명확합니다. 그로스 해킹은 사용자가 원하는 서비스를 만들고 데이터를 바탕으로 이를 꾸준히 개선해 나가는 것입니다. **데이터와 실험을 통해 성장하는 서비스를 만드는 것.** 그로스 해킹은 무엇보다 서비스를 만드는 과정에서의 '기본'을 강조합니다.

이 책은 성장하는 서비스를 만들기 위한 '기본'에 대한 책입니다. 어렵고 복잡한 기술적인 내용은 최대한 배제하고, 초심자도 쉽게 이해할 수 있는 용어를 통해 그로스 해킹을 설명하려고 했습니다. 데이터에 대한 전문적인 지식이 없더라도 IT 서비스를 만드는 사람이라면(기획자, 개발자, 디자이너, 마케터, 사업담당자, 혹은 대표님?!···) 누구나 흥미롭게 읽을 수 있는 내용을 담으려고 노력했습니다. 재미있지만 한번 듣고 잊어버리는 모호한 성공 사례 대신, 거창하진 않더라도 실제 일하면서 경험할 수 있는 구체적인 사례를 포함하려고 했습니다.

그로스 해킹은 대단한 지식이 있어야 시작할 수 있는 특별한 방법론이 아닙니다. 작은 회사나 조직에서도 여건에 따라 얼마든지 그로스 해킹을 시작해 볼 수 있습니다. 그동안 그로스 해킹이나 데이터 분석이라는 단어가 막연하게 느껴졌다면 가벼운 마음으로 이 책에서 이야기하는 작은 것부터 하나하나 경험해 나가시길 바랍니다. IT 서비스를 만들고 있는 분들, 특히 스타트업에서 일하고 계신 분들이라면 이 책을 통해 '내 서비스에서 이런 걸 해봐야겠다!' 라는 아이디어를 한가득 얻어 가실 수 있기를 기대합니다.

저는 IT서비스를 만드는 여러 회사에서 UX 연구원, 서비스 기획자, 프로덕트 매니저, 데이터 분석가, 퍼포먼스 마케터, 그로스 조직 리더로 여러 직군을 넘나들면서 일하는 행운을 누렸습니다. 그 과정에서 검색, 지도, 데이팅, 전화, 여행 등 다양한 주제의 서비스들이 각자 다른 모습으로 성장하는 과정을 직접 경험할 수 있었습니다. 여러 조직에서 동료들과 함께 서비스를 기획하고, 출시하고, 실험하고, 분석하면서 많은 것들을 배웠고, 이 책은 그러한 경험을 바탕으로 만들어졌습니다. 네이버, 이음소시어스, SK텔레콤, 마이리얼트립(MyRealTrip)에서 함께 동고동락하며 저의 부족함을 채워 주신 동료들 덕분에 이 책을 쓸 수 있었다고 생각합니다. 전 직장과 현 직장의 모든 동료분들께 진심으로 감사드립니다. 특히 코로나19로 인해 어려워진 외부 환경에도 흔들리지 않고 저와 함께 '데이터가 흐르는 조직'을 만들기 위해 애쓰고 있는 마이리얼트립 그로스실 멤버들에게 특별한 고마움을 전합니다.

흔쾌히 추천사를 써 주신 이기호, 박희은, 이기영, 이형주 님께도 감사드립니다. 네 분 모두 제 커리어의 주요 변곡점에서 큰 영향을 주신 분들이라, 책 출간 소식을 전해드리고 추천사를 받는 것이 개인적으로 의미가 컸습니다. 이기호 님과 박희은 님 덕분에 스타트업이라는 새로운 환경에서 즐겁게 일하면서 좋은 사람들과의 인연을 이어올 수 있었습니다. 이기영 님 덕분에 1,200만 MAU 서비스를 만들며 한 뼘 더 성장할 수 있었습니다. 그리고 이형주 님이 만드신 인프런(Inflearn) 플랫폼을 통해 제가 경험하고 공부한 지식을 많은 분들과 공유하고, 새로운 인연을 많이 만들 수 있었습니다.

이 책이 나오기까지 애써 주신 위키북스 박찬규 대표님, 꼼꼼하게 책 내용을 다듬어 주신 이대엽 님께 감사드립니다. 책을 집필하는 동안 가족들의 격려와 응원이 큰 힘이 되었습니다. 늘 애정으로 지켜봐 주시는 양가 부모님, 사랑하는 아내 혜원, 예쁘게 크고 있는 딸 하연, 그리고 미워할 수 없는 우리집 사고뭉치 고양이 호두에게도 고마운 마음을 전합니다.

2020년 12월

양승화

인프런 강의 할인쿠폰

강의 제목: 그로스해킹 – 데이터와 실험을 통해 성장하는 서비스를 만드는 방법

강의 URL: bit.ly/growth_2021

쿠폰코드: GROWTH-BOOK

할인금액: 5,000원

유효기간: 2023년 12월 31일까지

'데이터 기반 의사결정을 하는 기획을 하고 싶은데, 어디서부터 시작해야 할까요?'라는 질문을 종종 받는다. 무슨 책을 읽으면 좋을지, 어떤 강의 자료를 보면 좋을지 추천하기도 하지만, 정말 친한 사람들에게는 데이터 기반의 의사결정을 왜 해야 하냐고 물어본다. '왜'에서 답을 찾다 보면 실질적인 도움을 줄 수 있다. 회원 가입 페이지 개선을 하고 있는데 잘하고 있는지 고민이 된다는 사람에게는 A/B 테스트 이야기를 할 수 있고, 매출을 올리는 것이 고민이라는 사람에게는 매출을 구성하는 지표를 쪼개서 분석하는 것부터 시작하라는 이야기를 할 수 있다.

이 책은 해결해야 할 문제가 있는 사람들에게 그 문제를 데이터 기반으로 어떻게 바라봐야 할지 소개해준다. Product-Market Fit, AARRR 등 여러 개념을 소개하고, 그 개념을 어떻게 활용할 수 있는지 책에서 디테일하게 담고 있다. 개념만 소개하는 것이 아니라, 어떤 지표를 봐야 할지, 그 지표를 어떤 기준으로 봐야 할지, 어떤 걸 해야 하는지, 하지 말아야 하는지에 대해 저자 본인의 노하우를 충분히 담고 있어서 많은 분들에게 도움이 될 것 같다. 다음 번에 데이터 기반 의사결정 기획을 어떻게 시작해야 할지 고민하는 분이 있다면 이 책을 추천할 수 있을 것 같아 반갑고, 많은 분들이 읽으셔서 실제로 이렇게 고민하여 문제를 해결한 사례가 많아지면 좋을 것 같다.

이기호
우아한형제들 배민플랫폼실 실장

그로스 해킹에서 많이들 어렴풋이 알고 있는 개념들을 정확히 짚어주면서도 실무에서 바로 활용 가능한 분석, 게다가 팀 구축과 업무 방법론까지 한국 마케팅의 전반적인 수준을 높여줄 책이라 생각합니다.
이 책을 경쟁사 마케터들이 보지 않았으면 좋겠습니다.
우리팀에서만 돌려보고 싶어요.

이형주
인프랩 대표

마이리얼트립의 투자자로서 '아니 이런 영업비밀들을 이렇게 다 알려줘도 되나' 걱정이 될 정도였다. 네이버, SKT, 스타트업 등 크고 작은 다양한 IT기업들을 거쳐온 저자인지라 실제 현장에서의 경험이 잘 녹아 들어 있는 책이다. 그로스 해킹과 관련된 서적들이 종종 출간되지만 이 책처럼 실제 현업에서 바로 활용할 수 있는 수준으로 정리된 것은 보지 못한 것 같다. AARRR, LTR 등 다양한 개념들을 실제 사례를 들어 설명하고 적용 과정에서 범하기 쉬운 오류들까지 놓치지 않고 꼼꼼하게 적어두었다. 스타트업 창업자, 그리고 IT 회사에서 제품을 개발하는 모든 기획자, 디자이너, 개발자, 마케터에게 추천하고 싶은 책이다. 저자의 친절한 가이드를 한 챕터씩 따라가다 보면 조직과 서비스의 수준이 한 단계 높아지는 신기한 경험을 할 수 있을 것이다.

박희은

알토스벤처스(Altos Ventures) 파트너

양승화 님은 모바일 서비스 기획 일을 할 때 만났다. 뒤돌아보면 당시 우리는 시행착오가 많았다. '논리적인 기획서를 바탕으로 제품을 우선 만든 뒤 고객을 설득'하는 데 시간을 많이 썼던 것 같다. 하지만 그때도 양승화 님은 제품을 만드는 방식과 일하는 문화에 대해 끊임없이 고민하던 사람이었다. 이 책은 그의 시행착오와 성장을 한 번에 엿볼 수 있는 책이다. 풍부한 내용을 쉽고 간결한 설명으로 풀어낸 이 책 덕분에 나도 어렴풋했던 것들이 또렷해졌고, 하고 있는 일에 당장 적용해보고 싶은 아이디어로 마음이 즐거워졌다. 쉽고 간결한 설명은 누군가의 또 다른 시행착오를 줄이고 싶어하는 애정 덕에 가능했을 것이다. 더 많은 사람들이 이 책을 읽고 '내가 만든 서비스로 사용자들의 사랑을 받으며 성장하는 기쁨'을 누리길 바란다.

이기영

드림어스컴퍼니 대표, 전 SKT Unicorn Labs 사업개발팀장

03장

AARRR

04장

지표

에필로그

**그로스 해킹을
공부하려는
사람들을 위해**

01장

그로스 해킹이란?

1.1 그로스 해킹 그거, 우리도 해 봅시다

" 요새 다들 **데이터** 분석한다는데?

그로스 **해킹**인가 그거, 우리도 해 봅시다. "

대표님이 지나가면서 툭 던진 말에 머리가 아파온다. 그로스 해킹, 들어보긴 했는데 그게 도대체 뭐지? 데이터 분석이랑 다른 건가? 마케터들이 이야기하는 퍼포먼스 마케팅 같은 건가? 누군가는 그로스 마케팅이라는 말도 하던데, 이건 또 뭐지?

그로스 해킹(Growth Hacking)이라는 용어가 비교적 널리 사용되고 있지만 막상 '그로스 해킹이란 무엇인가'라는 질문에 대해 모두가 공감하는 답을 찾기는 쉽지 않다. 어떤 사람은 그로스 해킹이 돈을 쓰지 않고(혹은 적게 쓰고) 사용자를 데려오는 가입(user acquisition) 최적화라고 생각하고, 또 어떤 사람은 친구 추천 등 입소문(viral) 채널을 잘 활용하는 마케팅 활동이라고 이야기한다. 데이터 분석을 통한 서비스 개선이라고 말하는 사람도 있고 퍼포먼스 마케팅의 확장된 형태로 설명하는 사람도 있다. 혹은, 그냥 크게 성공한 서비스의 사례를 가져와서는 '이게 바로 그로스 해킹이야'라고 억지로 끼워 맞추기도 한다.

그로스 해킹이라는 용어를 처음 사용한 사람은 션 앨리스(Sean Ellis)다. 션 앨리스는 드롭박스(Dropbox)와 이벤트브라이트(Eventbrite), 로그미인(LogMeIn) 등의 초기 성장을 이끈 마케터로 널리 알려져 있다. 여기서 **성공**이 아니라 **성장**이라는 단어를 썼음에 유의하자. 그로스 해킹을 문자 그대로 해석하면 성장할 수 있는 방법을 '해킹'하는 것이라고 할 수 있다. 이 개념을 설명하기 위해서는 성장이라는 키워드가 나오게 된 배경을 먼저 살펴봐야 한다.

전통적으로 제품을 만드는 과정은 '기획-생산-판매'의 순차적인 프로세스로 진행돼 왔다. 이러한 구조에서는 생산이 끝나고 판매가 시작되면 그 순간 생산자가 더는 할 수 있는 일이 없다. 즉, 출시 후 제품의 성공과 실패는 온전히 시장에 의해 결정된다. 이 때문에 성공하는 제품을 만들기 위해서는 기획과 생산 단계에 엄청난 시간과 노력을 투자하는 것이 옳은 방향이었다. 대신 어느 정도 수요가 있다고 판단되는 제품을 기획해서 큰 하자 없이 안정적으로 생산하면 판매에는 큰 문제가 없었다. 이 시기에는 시장이 기대하던 바가 비교적 명확했고, 그런 기대를 만족시킬 수 있는 좋은 품질의 제품을 만들기만 하면 고객은 기꺼이 돈을 지불했다. 명확하고도 단순한 성공 방정식이 있던 시기였다.

하지만 이제는 이 같은 성공 방정식이 더는 유효하지 않다. 고객의 취향이 굉장히 세분화됐고, 기획과 생산 단계에 아무리 많은 노력을 기울이더라도 막상 제품을 시장에 내놓기 전까지는 이 제품이 성공할지 확신하기 어렵다. 기획 단계에서 철저히 고객 조사를 해서 많은 사람들의 구매 의사를 확인하고 만든 제품이더라도, 막상 제품이 출시되고 나면 고객이 생각을 바꿨다면서 지갑을 닫는 경우도 빈번하게 발생한다. 생각지도 못했던 경쟁자가 갑자기 나타나기도 하고, 유행이나 트렌드가 한순간에 바뀌기도 한다. 제품을 출시하기 전에 무엇을 상상하든, 정확한 결과는 제품이 출시된 이후에나 알 수 있게 됐다. 내가 만드는 제품이 충분한 수요가 있는가? 라는 질문은 굉장히 대답하기 어려운 질문이다. **많은 시간과 노력을 투자해서 만든 제품이 알고 보니 아무도 원하지 않는 제품이라는 점을 뒤늦게 발견하는 것만큼 나쁜 일은 없다.**

에릭 리스(Eric Ries)는 '린 스타트업(Lean Startup)'이라는 개념을 통해 극심한 불확실성 속에서 새로운 제품과 서비스를 만드는 새로운 방법을 제안했다. 린 스타트업은 아이디어를 빠르게 제품으로 만들고 고객이 제품에 대해 어떻게 반응하는지를 측정한 후, 그 결과를 통해 배움을 얻고 지속적으로 제품을 개선해 나가는 제품 개발 방법론을 의미한다. '아이디어-개발-측정-개선'으로 이어지는 피드백 순환고리(feedback loop)를 최대한 빨리 진행하면서 작은 성공을 쌓아 서비스를 점진적으로 개선하는 것이 린 스타트업의 철학이다. 린 스타트업은 아무도 원하지 않는 제품을 오랜 기간 열심히 만드는 것은 굉장히 어리석은 일이라는 점을 강조한다. 처음부터 무작정 제품의 완성도를 높이는 데 시간과 노력을 투자하지 말고, 빠른 출시와 지속적인 개선을 통해 점진적으로 완성도를 높여야 한다는 것이다. 이는 그로스 해킹이 가진 철학과 일맥상통하는 측면이 있다.

특히 요즈음의 IT 서비스는 출시 이후에도 지속적인 개선과 업데이트가 가능하다. 그런 의미에서 **서비스 출시는 끝이 아닌 시작에 가깝다.** 출시 후 서비스에 대한 사용자의 평가를 듣고, 사용 패턴을 분석하고, 새로운 기능을 추가함으로써 서비스를 꾸준히 개선할 수 있다면 성공할 확률은 크게 높아진다. 이런 점을 감안하면 한 번에 성공하는 서비스를 만들겠다는 목표보다 출시 후 꾸준히 성장하는 서비스를 만든다는 목표가 훨씬 더 현실적이다. 물론 성장하는 서비스를 만드는 것이 말처럼 쉽지는 않지만 말이다.

어떻게 하면 성장하는 서비스를 만들 수 있을까?
그로스 해킹은 이 질문의 답을 찾는 과정이라고 할 수 있다.

1.2 그로스 해킹의 지름길이 있을까?

그로스 해킹을 이야기할 때 많이 회자되는 사례는 핫메일(Hotmail)이나 에어비앤비(Airbnb), 드롭박스(Dropbox) 같은 글로벌 서비스의 성공 스토리다.

- 1996년에 등장한 핫메일은 최초의 무료 웹 메일 서비스다. 출시 초기에는 전통적인 광고판이나 라디오 광고를 이용해 마케팅했지만 효과가 신통치 않았다. 핫메일의 투자자 중 한 명인 티모시 드레이퍼(Timothy Draper)는 신규 고객 유치를 위해 고민 중이던 핫메일 경영진에게 작은 아이디어를 제안했다. 아이디어 자체는 정말 단순했는데, 핫메일을 통해 발송되는 모든 이메일의 하단에 '추신: 당신을 사랑합니다. 핫메일에서 무료 이메일 계정을 받으세요. (P.S.: I love you. Get your free e-mail at Hotmail.)'라는 안내 문구를 추가하는 것이었다. 작은 변화였지만 무료 이메일 계정이 필요했던 사용자들은 이 문구를 통해 앞다퉈 핫메일에 가입했고 핫메일은 6개월만에 100만 명의 신규 사용자를 모을 수 있었다(1년 반 뒤에 핫메일은 마이크로소프트에 인수됐는데, 그 당시 핫메일 사용자는 무려 1,200만 명에 달했다).

- 에어비앤비는 2008년 샌프란시스코에서 에어매트리스와 아침식사를 제공하는 서비스로 시작했다. 이 당시에는 공유 숙박이라는 개념도 낯설었고, 호스트들의 전문성도 높지 않았기 때문에 서비스 초기에는 예약 수가 굉장히 더디게 늘어났다. 에어비앤비는 '숙소 주인이 올리는 사진의 퀄리티가 너무 낮아서 방의 매력도를 충분히 표현하지 못하기 때문에 예약이 증가하지 않는다'는 가설을 세웠다. 에어비앤비

창업자들은 테스트를 위해 지역을 뉴욕으로 한정한 후 고가의 카메라를 빌려서 등록한 숙소들을 돌아다니면서 집주인 대신 숙소 사진을 찍어서 에어비앤비 서비스에 업로드하기 시작했다. 그 결과, 고품질의 사진이 등록된 뉴욕의 숙소들은 그렇지 않은 곳보다 3배 많은 예약을 기록했다. 이를 통해 숙소 사진의 퀄리티가 중요하다는 사실을 확인한 에어비앤비는 숙소 주인과 전문 사진작가를 매칭하는 프로그램을 공식적으로 런칭했고, 그 프로그램을 통해 등록된 고품질의 사진이 늘어나면서 에어비앤비의 숙소 예약 수는 빠르게 증가했다.

- 드롭박스는 클라우드 저장소(Cloud Storage)를 제공하는 서비스다. 드롭박스는 '무료로 공간을 확장하세요(Get free space)'라는 작은 버튼 하나를 서비스 화면에 추가했는데, 이 버튼을 통해 친구를 초대하면 초대한 친구 한 명이 가입할 때마다 500MB의 저장 용량을 추가로 제공했다. 이 기능이 생긴 직후 가입자가 60% 이상 증가했으며, 한 달 만에 280만 명의 신규 가입자가 생겼다.

이처럼 전 세계적으로 성공한 서비스의 그로스 해킹 사례를 살펴보는 것은 매우 흥미롭다. 하지만 다른 서비스의 그로스 해킹 사례 자체가 내 서비스를 성공시키는 데 직접적인 도움이 되지는 않는다. **그로스 해킹은 각 서비스의 사용 맥락이나 시장 상황을 반영해서 진행할 때만 의미가 있기 때문이다.** 당연하게도 알려진 사례를 그대로 따라 한다고 해서 같은 성과가 나는 것은 아니다. 극단적으로는, 그로스 해킹 공식을 통해 이러한 서비스들이 성장했다고 보는 것이 아니라 그냥 여러 번에 걸친 시도 중 성공한 시도를 '그로스 해킹'이라는 이름으로 나중에 포장했다고 볼 수도 있을 것이다.

단순히 다른 서비스의 사례를 살펴보는 것 말고, 우리가 직접 그로스 해킹을 설계하고 진행하려면 무엇이 필요할까? 그로스 해킹을 '공부'하려면 어떻게 해야 할까? 그로스 해킹에 대한 정형화된 커리큘럼이라는 게 있을까? 그로스 해킹을 주제로 한 책을 읽거나 강의를 들어보면 어떨까? 시중에 있는, 그로스 해킹이나 데이터 분석 혹은 그로스 마케팅을 주제로 진행되는 강의들은 다음과 같은 두 가지 유형으로 나뉜다.

데이터 분석, 머신러닝에 대한 스킬셋을 가르치는 강의

- R이나 파이썬(Python)을 이용해 데이터를 다루는 스킬을 알려준다.
- 강의에 따라 회귀분석, 랜덤 포레스트, 앙상블 모형 등 머신러닝 알고리즘도 알려준다.
- 일단 코드를 입력하면 뭔가 결과가 나오니 신기하긴 하다.
- 그런데 회사로 돌아오면 여전히 의문이 남는다. 그래서 내 서비스에서는 뭘 해야 하지?

주요 퍼포먼스 마케팅 채널에 대한 스킬셋을 가르치는 강의

- 페이스북, 네이버 등 주요 광고 채널의 기능을 알려준다.
- 구글 애널리틱스(Google Analytics) 등 데이터 분석 툴의 기본적인 기능을 알려준다.
- 광고 관리자에서 평소에는 잘 모르고 있었던 세부적인 옵션을 알게 되어서 신기하긴 하다.
- 근데 회사로 돌아오면 여전히 의문이 남는다. 그래서 당장 사용자를 데려오는 마케팅을 하려면 뭐부터 시작해야 하지?

뭔가 배우고 온 것 같긴 한데, 강의를 듣고 나서 공통적으로 드는 생각이 **'그런데 내 서비스에서는 뭘 해야 하지?'**라니, 이유가 무엇일까?

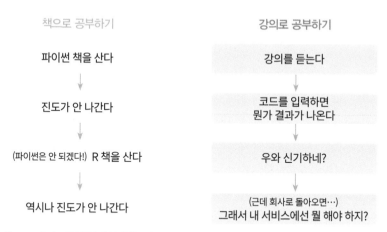

그림 1-1 그로스 해킹 공부에 실패하는 이유

목표가 잘못되면 공부 방법을 못 찾고 헤매게 된다. 우리의 목표는 데이터 사이언티스트(Data Scientist)가 되거나 퍼포먼스 마케터(Performance Marketer)가 되는 것이 아님을 기억하자. 우리가 그로스 해킹을 공부하려는 이유는 **데이터에서 찾아낸 인사이트를 바탕으로 제품이나 서비스를 지속적으로 개선해 나가는 방법**을 익히기 위해서다. 제품이나 서비스를 성장시키기 위해서는 특정 분야의 스킬셋이 아니라 서비스를 만들고 운영하는 전체 프로세스에 대한 폭넓은 이해가 필요하다. 이 책에서는 그로스 해킹에 대한 기술이나 스킬셋이 아니라 지속적인 성장을 위한 방법론과 프로세스, 그리고 그 과정에서 데이터를 활용하는 다양한 방법을 살펴볼 것이다.

1.3 │ 그로스 해킹 이해하기

데이터에서 찾아낸 인사이트를 바탕으로 제품이나 서비스를 지속적으로 개선해 나가려면 무엇이 필요할까? 그로스 해킹을 다루는 책이나 글에서 공통적으로 강조하는 몇 가지 개념이 있다.

크로스펑셔널 팀(Cross-Functional Team)

그로스 해킹을 위해서는 여러 직군 간 협업이 필수적이다. 가령 IT 서비스에서 제대로 된 그로스 해킹을 진행하려면 개발자, 디자이너, 마케터, 데이터 분석가 등 다양한 직군의 멤버들이 팀을 이뤄서 각자의 전문성을 발휘하며 시너지를 내야 한다. 기능 기반 조직의 경직된 협업이 아니라 목적 기반으로 구성된 조직에서 여러 직군의 구성원들이 치열하게 협업할 때 효율적인 성장 실험이 가능하다.

린 스타트업(Lean Startup)

린 스타트업이라는 용어는 IMVU의 공동 창업자였던 에릭 리스가 처음으로 제안했다. 시간과 자원이 부족한 스타트업이 성공하려면 실패로 인한 비용을 최소한으로 줄이고, 작은 성공 경험을 꾸준히 쌓아 나가야 한다. 린 스타트업은 '제품 개발 → 지표 측정 → 학습 및 개선'이라는 사이클을 빠르게 반복함으로써 학습 비용을 줄이고 성공 가능성을 높이는 제품 개발 프로세스다. 아무도 원하지 않는 제품을 만드는 것은 실패로 가는 가장 빠른 방법이라는 점을 기억하자.

최소 기능 제품(Minimum Viable Product, MVP)

린 스타트업에서 강조하는 요소 중 하나는 최소 기능 제품이다. 가설을 검증할 수 있는 최소한의 기능이 포함된 제품이라고 이해하면 된다. 처음부터 완벽한 제품을 만들기 위해 많은 시간과 노력을 투자하다 보면 내가 만든 제품과 시장이 원했던 제품이 다르다는 점을 뒤늦게 깨닫는 오류를 범할 수 있다. 린 스타트업에서는 우선 아이디어를 검증할 수 있는 최소한의 제품(MVP)을 만들고 고객의 피드백을 참고해서 조금씩 개선해 나가는 과정을 강조한다.

AARRR

해적 지표(Pirates Metrics)라고도 불리는 AARRR은 대표적인 스타트업 액셀러레이터 500 Startups의 창업자인 데이브 맥클루어(Dave McClure)가 주장한 지표 관리 방법론이다. 데이브 맥클루어는 스타트업의 성장을 위해 고객 유치(Acquisition), 활성화(Activation), 리텐션(Retention), 수익화(Revenue), 추천(Referral)의 다섯 가지 범주에 따라 주요 지표들을 모니터링하고 관리해야 한다고 주장했다. AARRR은 그로스 해킹 기반의 대표적인 지표 관리 방법론이라고 할 수 있는데, 이후 3장에서 이에 대해 자세히 살펴보겠다.

앞에서 소개한 개념을 종합하면 그로스 해킹이 지닌 특성들이 비교적 명확하게 정리된다. 개인적으로 생각하는 그로스 해킹의 정의는 다음과 같다.

그로스 해킹이란?

- **크로스펑셔널**한 직군의 멤버들이 모여서
- **핵심지표**를 중심으로
- **실험**을 통해 배움을 얻고, 이를 빠르게 **반복**하면서
- 제품이나 서비스를 **성장**시키는 것

여기서의 핵심 키워드는 크로스펑셔널, 핵심지표, 실험, 반복, 성장이다. 이러한 키워드를 바탕으로 그로스 해킹의 범위를 정리하면 그림 1-2와 같이 지표, 분석 환경, 프로세스, 문화라는 4개의 범주로 나눌 수 있다. 이어지는 책의 내용은 이러한 4개 범주 각각을 깊이 있게 다루고 있다.

그림 1-2 그로스 해킹의 범위

02장

전제조건:
Product-Market Fit

2.1 뭐가 문제인지를 모르는 게 문제

그로스 해킹을 이해하려면 그로스 해킹의 전제 조건이 되는 제품-시장 적합성(Product-Market Fit, PMF)을 먼저 설명해야 한다. 제품-시장 적합성을 이해하기 위해 우선 일반적인 IT 서비스의 출시 과정을 한번 살펴보자. 서비스마다 조금씩 다르긴 하지만 대체로 서비스를 기획하고 개발해서 출시하는 과정은 다음과 같은 형태로 진행된다.

1. (엄청난) 아이디어가 있다.

2. 어렵사리 멤버들을 모아서 제품을 만들기 시작한다.

3. 6개월 후에 드디어 제품이 개발됐다. 곧 릴리스할 수 있을 것 같다!

4. 소소한 문제가 있어서 약간 늦어졌지만… (대부분의 제품은 출시 직전 뭔가 문제가 생기고 일정이 늦춰진다) 어쨌든 완성, 드디어 런칭!

   … 그리고 아무 일도 일어나지 않았다…

5. 일단 홍보를 해야겠다! 스타트업 관련 매체에 보도자료를 보내고 인터뷰도 해야지!

6. 오… 홍보 때문인지 유저가 좀 생긴 것 같다!

   … 그런데 들어온 사람 대부분이 며칠 쓰다가 나가버리네…

7. 좋아. 그럼 있는 돈 없는 돈 다 짜내서 마케팅을 해야겠다! 페이스북, 인스타그램, 검색광고 다 설정하고 바이럴 마케팅도 같이 하자!

8. 오… 마케팅 때문인지 유저가 좀 생긴 것 같다!

   … 그런데 들어온 사람 대부분이 또 며칠 쓰다가 다 나가버리네…

   … 이제 뭘 해야 하지???

새로운 제품이나 서비스를 만드는 사람들은 커다란 목표와 기대를 가지고 출시일만 바라보며 열심히 제품을 만들지만, 막상 어떤 제품이 출시됐을 때 열광적인 반응을 얻으며 주요 지표가 가파른 성장곡선을 그릴 확률은 굉장히 희박하다. 오히려 여기저기서 터져 나오는 버그, 생각하지 못했던 운영 이슈, 냉담한 시장의 반응, 지나치게 미미한 지표를 마주할 확률이 훨씬 더 높다. 야심 차게 준비해서 내놓은 서비스는 세상을 바꾸기는커녕 세상에 조그만 스크래치도 내지 못하는 것 같다. 나름 굉장히 고생해서 서비스를 만들었는데, 친구 몇 명 말고는 관심을 보이는 이도 없다. 작게나마 준비한 마케팅도 해보고 이런저런 채널로 홍보도 해봤지만 뾰족한 답이 떠오르지 않는다. 음, 그렇다면 이제 뭘 해야 하지?

이 상황에 처하면 많은 사람들이 다음과 같이 생각한다.

사실 지금은 (시간과 자원이 부족해서) 원래 하려고 했던 기능의 30% 정도만 만들어서 내놓았으니까 서비스에 새로운 기능을 추가해서 완성도를 높이자!

단언컨대 **이 시점에 할 수 있는 가장 나쁜 결정**이라고 할 수 있다.

물론 많은 경우에 리소스나 일정의 제약이 있기 때문에 처음 출시하는 제품에는 계획했던 기능을 모두 담아서 내보낼 수가 없다. 그러다 보니 서비스 출시 후 기대만큼의 반응이 없는 경우 '아직 계획했던 만큼의 기능이 완성되지 않아서'라고 합리화하고는 일단 서비스에 새로운 기능을 추가하는 쉬운 선택을 하는 경우가 많다. 하지만 안타깝게도 이 판단은 이 시점에 할 수 있는 가장 나쁜 선택이다. 새로운 기능이 추가되면 떠났던 사용자가 다시 돌아올까? 입소문이 나면서 새로운 사용자들이 유입될까? 사용자들이 서비스의 핵심 기능을 사용하면서 매출이 발생할까? 미래를 알 수는 없지만 아마도 몇 개의 새로운 기능을 추가한다고 해서 이러한 문제가 해결되지 않을 확률이 훨씬 더 높을 것이다.

생각해보면 이 시점에서의 문제는 명확하다.

뭐가 문제인지를 모르겠다는 것

2.2 │ 정말 많은 제품 관리자가 하는 실수

굉장히 많은 제품 관리자가 다음과 같은 실수를 한다.

1) 제품을 먼저 만들고, 그런 다음에야 고객을 찾는다

논리적인(?) 기획서를 바탕으로 제품을 우선 만든 다음, 제품이 나오고 나서야 뒤늦게 고객을 설득하려는 경우가 무척 많다. 특히 기획서를 가지고 상위 의사결정권자에게 보고하고 승인을 받는 프로세스가 복잡한 대기업에서 이런 경험을 많이 하게 된다. 논리적인 기획서에서 출발한 제품이라고 해서 성공할 수 있을까? 서비스를 기획할 때 논리적 빈틈이 있는지 주도면밀하게 살피는 게 나쁜 것은 아니지만 논리에 논리를 덧칠하면서 보고서의 완성도를 높인다고 해서 제품의 성공 가능성이 높아지는 것은 절대 아니다. 또한 이렇게 논리적인 보고서를 강조하는 환경일수록 사용자보다는 기획서를 승인하는 상위 의사결정권자를 바라보면서 기획서를 쓰게 된다.

생각해 보면 서비스 기획을 하는 입장에서 '이런저런 자료를 다각도로 검토한 결과 내 논리에는 빈틈이 없어. 이렇게 하는 게 맞아.'라고 확신하는 것만큼 위험한 게 없다. 마찬가지로 기획 과정에서 내부 설득이나 보고를 위한 논리를 계속 덧칠하는 것만큼 부질없는 짓이 없다. 논리적인 기획자가 나쁜 건 절대 아니지만 논리에 함몰되는 기획자는 분명 서비스에 나쁜 영향을 미친다. 제품을 만들 때는 부장님과 상무님을 바라보면서 기획서를 쓰고 제품이 출시되고 나서야 사용자를 찾는다면 그 제품은 십중팔구 사용자에게 외면받게 될 것이다.

2) 기능을 추가하고, 추가하고, 추가한다

성장하고 있는 시점에도 기능을 추가하고, 성장세가 둔화되면 기능을 추가한다. **사실 많은 회사에서 '서비스 개선'이라는 용어를 '기능 추가'와 동일한 의미로 사용한다.** 사용자가 원하는 꼭 필요한 기능을 추가한다면 다행이지만 그렇다고 해서 서비스 개선이 기능 추가와 동일시되는 건 분명히 문제가 된다. 추가되는 기능만큼 서비스의 복잡도는 높아지고 자연스럽게 뒤따라오는 레거시(legacy)가 늘어나기 때문이다. 서비스에 특정 기능을 추가할 때는 관련된 운영 정책, 고객 커뮤니케이션, 로그 기록과 수집 등 기능이 추가되면서 발생하는 유지보수 리소스를 꼭 고려해야 한다. 이후에 더 자세히 설명하겠지만 제품이 기능의 조합이 되어서는 안 된다. **제품은 가설의 조합으로 이뤄져야 하며, 그러한 가설을 테스트하기 위한 최소한의 기능으로 이뤄져야 한다.** 기능이 많은 제품이 성공하는 게 아니라 최소한의 기능으로 사용자에게 가치를 전달할 수 있는 제품이 성공한다는 점을 꼭 기억할 필요가 있다.

2.3 제품—시장 적합성

'아무도 원하지 않는 서비스를 열심히 만드는' 함정에서 벗어나려면 어떻게 해야 할까? 이러한 함정에 빠지는 것을 방지하기 위해 린 스타트업에서는 **제품—시장 적합성(Product-Market Fit)**이라는 개념을 사용한다(흔히 PMF라고 줄여서 표현한다). 넷스케이프의 창업자로 널리 알려진 마크 앤드리슨(Marc Andreessen)은 제품—시장 적합성의 의미를 '좋은 시장에, 그 시장을 만족시킬 수 있는 제품을 갖고 있는 것(Product/market fit means being in a good market with a product that can satisfy that market)'이라고 설명한 바 있다. 그로스 해킹은 시장이 필요로 하는 제품을 만드는 것에서부터 시작된다. 애초에 수요가 없는 제품이라면 이후에 소개할 그 어떤 그로스 해킹 방법론을 사용하더라도 제품을 성공시킬 수 없기 때문이다.

즉, 제품—시장 적합성을 확인한다는 것은 **우리가 만든 제품이나 서비스가 그로스 해킹을 할 만한 가치가 있는가?**라는 질문에 답하는 과정이라 생각할 수 있다. 앞서 이야기한 '뭐가 문제인지를 모르는 문제'에 마주쳤을 때 제품 개발 과정을 돌아보면서 꼭 점검해봐야 하는 내용이기도 하다. 다음의 세 가지 질문을 통해 제품—시장 적합성에 대해 스스로 확인해 볼 수 있다.

1) 우리가 생각하는 그 문제가 진짜 있긴 한가?

놀랍게도 많은 제품들이 존재하지 않는 문제를 가정하면서 만들어진다. 때로는 존재하는 문제이긴 하지만 너무 규모가 작아서 사업화할 수 없는 경우도 있다. 제품을 개발하기에 앞서 문제라고 생각했던 것들이 정말 문제가 맞는지, 그 문제의 해결책을 내놓으면 기꺼이 그 해결책에 대한 대가를 지불할 만큼의 수요가 있는지 반드시 살펴봐야 한다.

2) 우리가 만든 제품이 그 문제를 해결한 게 맞나?

문제를 확인했다면, 다음으로는 우리가 제품을 통해 제안한 솔루션이 그 문제를 효과적으로 해결했는지 확인해야 한다. 문제는 잘 정의했지만 충분히 좋은 해결책을 제시하지 못하는 경우도 빈번하게 발생한다. 제품의 핵심 기능이 명확하고 그 기능이 앞서 언급한 문제를 해결하는 데 집중돼 있어야 한다.

3) 이 제품을 만들면서 세운 가설이 무엇인가? 그 가설이 검증됐는가?

앞서 언급한 것처럼 제품은 기능의 조합이 아니라 가설의 조합이 돼야 한다. 하나의 제품을 내놓는다는 것은 검증하고자 하는 가설의 답을 내놓는 것이다. 제품을 출시한 후에는 이 제품을 통해 검증하려고 했던 가설이 무엇이었는지, 그리고 검증 결과가 어땠는지에 대한 답을 할 수 있어야 한다.

2.4 제품-시장 적합성을 확인하려면?

우리가 만든 제품이 제품-시장 적합성을 만족하는지 확인하는 방법이 있을까? 일반적으로 아래의 3가지 지표를 통해 제품이 제품-시장 적합성을 만족하는지 확인할 수 있다.

1) 리텐션(Retention rate)

흔히 유지율이라고 부르는 **리텐션**은 사용자들이 특정 서비스에 얼마나 꾸준히 남아서 활동하는지를 보여주는 지표다. 일반적으로 리텐션은 시간이 지남에 따라 자연스럽게 감소하는데, 이때 떨어지는 기울기가 얼마나 완만한지, 기울기가 안정화되는 지점이 어디인지를 확인하면 해당 서비스의 제품-시장 적합성 수준을 확인할 수 있다. **제품-시장 적합성을 만족하는 서비스는 초기 일정 기간이 지나면 그래프의 기울기가 완만해지면서 리텐션이 안정적으로 유지되는 패턴을 보인다. 하지만 그렇지 못한 서비스는 리텐션 그래프의 기울기가 꾸준히 우하향하는 패턴을 보인다**(그림 2-1).

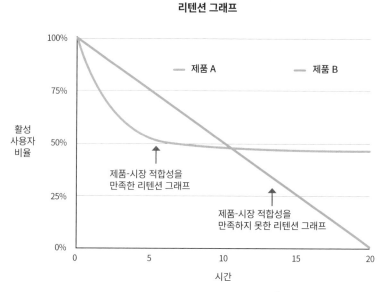

그림 2-1 리텐션 그래프로 보는 제품-시장 적합성(출처: brianbalfour)[1]

---

1 https://brianbalfour.com/essays/product-market-fit

리텐션 그래프의 기울기만큼이나 안정화되는 시점에서의 절대적인 리텐션 수치도 중요하다. 그림 2-2는 구글 플레이 스토어의 랭킹에 따른 리텐션의 차이를 보여준다. 앱을 설치한 직후에 공통적으로 가파르게 리텐션이 낮아지는 구간이 있지만 많은 사용자에게 선택받은 상위 랭킹 앱일수록 리텐션이 완만해지는 지점이 높다는 것을 확인할 수 있다. 실제로 리텐션에 영향을 미치는 핵심 기간은 서비스를 사용하기 시작한 직후부터 수일 이내다. 서비스에 대한 온보딩(On-boarding) 과정이 매우 중요하다는 점을 알 수 있다.

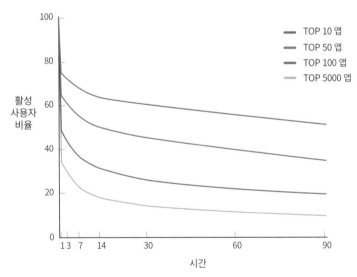

그림 2-2 안드로이드 앱의 리텐션 그래프(출처: Quettra)[2]

2 https://andrewchen.co/new-data-shows-why-losing-80-of-your-mobile-users-is-normal-and-that-the-best-apps-do-much-better/

그렇다면 리텐션이 어느 정도 나와야 제품–시장 적합성을 만족한다고 볼 수 있을까? 절대적인 기준이 있으면 좋겠지만 리텐션이라는 지표의 특성상 모든 경우에 적용할 수 있는 기준을 세우기는 어렵다. 매일 새로운 콘텐츠를 확인하러 들어오는 뉴스 서비스와 1년에 한두 번 떠나는 해외여행을 준비하기 위해 들어오는 여행 서비스는 리텐션을 판단하는 기준이 다를 수 있기 때문이다. 이처럼 리텐션은 서비스가 속한 카테고리의 영향을 크게 받는다.

모바일 어트리뷰션 서비스인 애드저스트(Adjust)에서 발표한 2019년 글로벌 앱 트렌드 리포트에 따르면 앱 서비스의 평균적인 카테고리별 리텐션은 그림 2-3과 같다. 뉴스와 만화 앱은 설치 후 7일 리텐션이 각각 31%, 28%로 높게 나타났지만 여행 예약 앱이나 음식 배달 앱은 7일 리텐션이 11% 수준인 것을 확인할 수 있다. 주기적으로 새로운 콘텐츠가 업로드되고 사용자와의 상호작용이 많이 발생하는 서비스는 상대적으로 리텐션 수치가 높지만 여행이나 음식 배달처럼 사용 빈도가 낮은 서비스를 제공하는 앱은 상대적으로 리텐션 수치가 낮은 것이 보통이다. 만약 어떤 서비스의 7일 리텐션이 20%라면 이 수치는 만족스럽다고 볼 수 있을까? 이 판단은 해당 서비스의 카테고리에 따라 달라질 수 있다. 만약 그 서비스가 뉴스를 전달하는 서비스였다면 20%라는 리텐션 수치가 만족스럽지 않겠지만 음식 배달 서비스라면 똑같은 20%도 괜찮은 수치라고 판단할 수 있을 것이다. 이처럼 리텐션 수치를 확인할 때는 단순 비교 대신 해당 서비스가 속한 카테고리를 감안해서 지표의 건전성을 판단하는 것이 필요하다. 사실 리텐션은 측정 기준에 따라 굉장히 입체적인 의미를 지닌 지표인데, 이에 대해서는 이후 3장에서 좀 더 상세하게 논의하겠다.

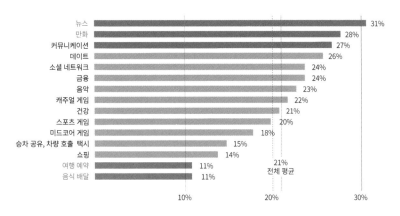

Adjust 플랫폼에서 2018년 한 해 상위 1000개의 최우수 앱을
통틀어 익명화된 데이터에 근거한 자료

그림 2-3 앱 카테고리별 리텐션(출처: Adjust)[3]

2) 전환율(Conversion rate)

전환율은 한 단계에서 다음 단계로 넘어가는 사용자의 비율을 의미한
다. 서비스의 핵심 사용 경로에 대한 전환율 지표를 확인하는 것은 제품-
시장 적합성을 점검하기에 좋은 방법이다. 특히 가입이나 결제 같은 주요
이벤트의 전환율을 살펴보면 해당 서비스가 기본적인 제품-시장 적합성
을 만족하는지 판단할 수 있다. 전환율은 사용성(Usability)이나 UI/UX
의 영향을 많이 받는 지표이긴 하지만 불편함을 잘 해소하는 제품을 만
들었다면 사용자는 어느 정도의 불편함을 감수하더라도 높은 전환율을
보인다.

---

3   https://www.adjust.com/ko/resources/ebooks/adjust-global-app-trends-report-2019/

가입/구매 전환 퍼널은 그림 2-4와 같은 형태로 구성된다. 전환율을 구하려면 목표로 하는 이벤트를 정의하고, 이를 위해 거쳐야 하는 경로를 먼저 구체화해야 한다. 각 경로에 진입한 사람과 다음 단계로 넘어간 사람의 비율을 계산하면 전환율을 구할 수 있다. 단계가 거듭될수록 이탈하는 사용자가 늘어나기 때문에 전환 퍼널은 역삼각형 모습을 띠는 게 일반적이다.

그림 2-4 전환 퍼널

앞서 살펴본 리텐션과 마찬가지로 전환율도 카테고리마다 조금씩 상이하게 나타난다. 물론 전환율을 측정하는 방식이나 기준이 서비스마다 조금씩 다르기 때문에 절대적인 벤치마크 지표를 정의하기는 어렵지만 모바일 앱 트래킹 서비스나 리서치 회사에서 정기적으로 발표하는 리포트를 보면 대략적인 전환율 기댓값을 가늠해 볼 수 있다.

2020년 어도비 디지털 인덱스에서 발표한 자료에 의하면 이커머스 서비스의 평균적인 구매 전환율은 3% 수준이다(그림 2-5). 하지만 같은 이커머스 서비스 내에서도 상품이 속한 카테고리에 따라 전환율이 2~3배 이상 차이가 나기도 한다. 구매 의도가 분명한 선물이나 건강 관련 상품의 전환율은 상대적으로 높게 나타나는 반면, 단가가 높고 가격 경쟁이 치열한 전자기기 상품의 경우 1.4% 수준의 낮은 전환율을 보인다. 즉, 어떤 상품을 다루는 서비스인지에 따라 목표로 하는 전환율은 달라질 수 있다는 점을 감안해야 한다.

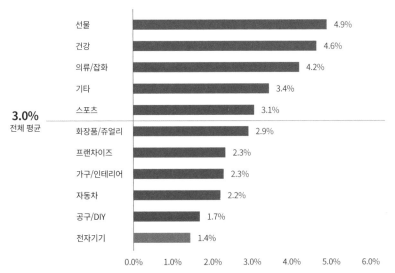

그림 2–5 e-커머스 상품 카테고리에 따른 구매전환율 벤치마크(출처: Adobe)[4]

전환율에는 카테고리 외에도 다양한 변수가 영향을 미친다. **똑같은 상품에 대한 전환이라도 친구 초대를 통해 들어온 사람과 디스플레이 광고를 통해 들어온 사람은 전환율에 차이가 난다**(그림 2–6). 친구의 적극적인 추천을 받고 서비스에 유입된 사람은 웹 서핑을 하다가 우연히 클릭한 광고를 통해 들어온 사람보다 전환되는 비율이 훨씬 더 높을 것이다.

4　https://news.adobe.com/news/news-details/2020/Adobe-Unveils-First-Digital-Economy-Index/default.aspx

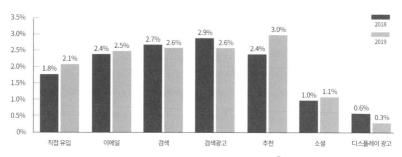

그림 2-6 트래픽 출처에 따른 구매 전환율 벤치마크(출처: Episerver)[5]

제품-시장 적합성을 확인하는 단계에서 전환율 목표를 어느 정도로 삼을 수 있을까? 앞서 설명한 대로 전환율이라는 지표는 카테고리나 유입 트래픽 등 다양한 변수의 영향을 받기 때문에 절대적인 기준이 있다고 보기는 어렵다. 이 시점에는 전환율 수치 자체보다 시간의 흐름에 따른 전환율의 변화 추이를 살펴보는 것이 더 유용하다. 다양한 형태의 전환율을 계산하고 이를 활용하는 세부적인 내용에 대해서는 이후 3장에서 더 깊게 논의하겠다.

3) 순수 추천 지수(Net Promoter Score, NPS)

NPS(Net Promoter Score)라는 용어로 알려진 **순수 추천 지수**는 비교적 간단한 방법을 통해 효과적으로 서비스의 성공 여부를 예측할 수 있는 지표다. NPS는 다음과 같은 단 하나의 질문을 통해 간단하게 측정할 수 있다.

" 이 서비스를 주변 지인이나 친구에게
얼마나 추천하고 싶으신가요? "

---

5 https://www.episerver.com/reports/2019-b2c-ecommerce-benchmark-report

이 질문의 답을 0점에서 10점까지의 선택지가 있는 11점 리커트(Likert) 척도로 받는다. 답변 점수에 따라 고객을 3개 그룹으로 나누는데, 9점과 10점으로 답변한 고객은 적극적 추천 그룹(Promoters), 7점과 8점으로 답변한 고객은 소극적 추천 그룹(Passives), 나머지 0점부터 6점으로 답변한 고객은 비추천 그룹(Detractors)으로 분류한다(같은 간격으로 3등분하는 게 아니라는 점에 주의하자). 그림 2-7에 설문 답변을 기반으로 한 그룹핑 방법이 설명돼 있다.

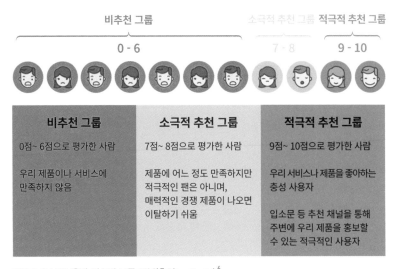

그림 2-7 NPS 응답 점수별 그룹 구분(출처: netigate)[6]

적극적 추천 그룹은 질문에 9점 또는 10점으로 응답한 사람이다. 우리 서비스나 제품을 좋아하는 충성 사용자 그룹이라고 볼 수 있다. 이 그룹의 사용자는 제품의 핵심 기능을 적극적으로 사용하고, 입소문 등의 추천

---

[6] https://www.netigate.net/articles/human-resources/enps-how-engaged-are-your-employees/

(viral) 채널을 이용해 주변에 홍보하거나 추천하는 적극적인 팬으로 분류 가능하다.

소극적 추천 그룹은 질문에 7점 또는 8점으로 응답한 사람이다. 우리 제품에 어느 정도 만족하지만 아주 적극적인 팬이라고 볼 수는 없는 그룹이다. 지금은 우리 제품의 고객이지만 매력적인 경쟁 제품이 나오면 쉽게 이탈할 수 있는 사용자라고 볼 수 있다.

마지막으로 비추천 그룹은 질문에 0점부터 6점으로 응답한 사람이다. 우리 제품에 만족하지 않는 사람으로, 이 사람들의 대부분은 한두 번 서비스를 쓴 이후에 이탈할 가능성이 높다.

이처럼 3개의 그룹으로 고객을 나눈 후 적극적 추천 그룹에서 비추천 그룹을 뺀 숫자를 전체 응답자 수로 나누면 NPS를 구할 수 있다. 소극적 추천 그룹은 전체 응답자 수에는 포함되지만 아래 식에서 분자를 계산할 때 제외된다는 점에 유의한다.

$$NPS = \frac{\text{적극적 추천 그룹 - 비추천 그룹}}{\text{전체 응답자}}$$

가령 100명의 사용자에게 NPS 설문을 한 결과가 다음 표와 같다면 순수 추천 지수는 9%가 된다.

점수	응답자 수	
0	1	
1	2	
2	4	
3	5	34%
4	6	
5	8	
6	8	
7	11	23%
8	12	
9	24	43%
10	19	
계	100	43% - 34% = 9%

그림 2-8 NPS 계산 예시

순수 추천 지수가 어느 정도 나와야 만족스럽다고 할 수 있을까? 모든 응답자가 적극적 추천 그룹이라면 NPS는 최댓값인 1이 나오고, 반대로 모든 응답자가 비추천 그룹이라면 NPS는 최솟값인 −1이 나오므로 이론상 NPS는 −1과 1 사이의 값이 나올 수 있다. 직접 구해보면 알겠지만 9점~10점으로 응답한 적극적 추천 그룹이 0점~6점으로 응답한 비추천 그룹보다 많은 것 자체가 굉장히 어려운 일이다. 적당히 만족하는 사람을 모으는 것과 열성적인 팬을 모으는 것은 난이도가 전혀 다르기 때문이다. 일반적으로는 순수 추천 지수가 양수라면 전반적으로 NPS 점수가 양호한 것으로 판단한다.

좋은 NPS의 기준

-1		0	0.3	0.7	1
	개선 필요	양호	좋음	매우 좋음	
	-1 ~ 0	0 ~ 0.3	0.3 ~ 0.7	0.7 ~ 1	

그림 2-9 좋은 NPS의 기준

눈치가 빠른 독자들은 이미 깨달았겠지만 결국 순수 추천 지수는 '팬(fan)'에 대한 지표다. 이 지표를 높이려면 제품에 불만족하는 사람을 줄이는 것만큼이나 제품에 대한 적극적인 팬 층을 늘리는 것이 매우 중요하다. 서비스에 적당히 만족하는 고객을 많이 확보하더라도 NPS 점수를 높이는 데 전혀 도움이 되지 않는다는 점에 유의하자. 실제로 스타트업에서 새로운 서비스를 출시했을 때 성공을 가늠할 수 있는 좋은 방법은 충성 사용자를 살펴보는 것이다. **서비스를 적당히 좋아하는 1000명의 사용자보다는 서비스를 열렬히 사랑하는 100명의 충성 사용자를 확보했을 때 그 서비스가 성공할 확률이 크게 높아진다.**

이상으로 제품-시장 적합성을 점검하는 데 활용할 수 있는 몇 가지 지표를 살펴봤다. 요약하면 리텐션, 전환율, 순수 추천 지수 등을 참고해서 우리 제품의 제품-시장 적합성을 확인할 수 있고, 이를 통해 그로스 실험을 진행해도 좋을지 판단할 수 있다. 제품-시장 적합성이 충분하지 않다고 판단되면 이어지는 그로스 실험을 급하게 진행하기보다는 제품 자체가 의미 있는 문제에서 출발하는지, 그리고 그 문제를 잘 해결하는 제품을 만들었는지를 다시 점검해볼 필요가 있다.

많은 사람들이 초창기 제품의 성공 여부를 확인할 때 설치 수(install), 가입자 수(sign-up) 등의 지표를 확인한다. 하지만 이러한 지표는 일반적으로 제품-시장 적합성을 확인하기에 적절하지 않다. 특히 누적 설치 수나 가입자 등 '누적'으로 쌓이는 지표는 제품의 본질적인 경쟁력이나 사용자의 만족도, 더 나아가 제품의 성공 확률과 거의 상관이 없는 경우가 많다. 또한 많은 서비스에서 활동 회원 수(active user)를 굉장히 중요하게 생각하지만 단순히 활동 회원 수 자체는 제품-시장 적합성을 설명해주지 못한다. 출시 초기에 마케팅 예산을 큰 규모로 투자하면 활동 회원 수는 단기간에 얼마든지 늘릴 수 있지만 제품–시장 적합성이 충분하지 않은 상황이라면 아무리 마케팅 예산을 쏟아붓더라도 결국 밑 빠진 독에 물 붓기가 될 것이다.

만약 우리 서비스가 제품–시장 적합성을 충분히 만족하지 못하는 것처럼 보인다면 이를 개선하기 위해 어떤 것들을 할 수 있을까? 이 시기에 해서는 안 되는 것과 해야 하는 것을 정리하면 다음과 같다.

해서는 안 되는 것

- 브레인스토밍
- 새로운 기능을 추가하는 것
- 잔존율이나 전환율을 개선하기 위한 실험

단순한 브레인스토밍은 이 시기에 거의 도움이 되지 않는다. 상상 속에서 만든 제품이 실제 시장의 요구사항을 담아내지 못했는데 여기에 또 다른 상상을 덧붙여 봐야 상황이 개선될 리 없기 때문이다. 앞서 언급한 것처럼 새로운 기능을 추가하는 것은 이 시점에서 할 수 있는 가장 나쁜 선택이라는 점도 꼭 기억하자. 사실 이 시기에 머물러야 하는 곳은 책상 앞이나 회의실이 아니라 제품을 사용하는 고객의 옆이어야 한다.

브레인스토밍을 하지 말라는 이야기는 그렇다고 해도 잔존율이나 전환율을 개선하기 위한 실험을 이 시기에 하면 안 된다는 이야기를 하면 많은 사람들이 의아해한다. 제품–시장 적합성을 판단하는 데 잔존율과 전환율이 중요하다고 강조했으면서 이걸 개선하는 실험을 하지 말라는 것은 어떤 의미일까? 이 단계에서 리텐션과 전환율을 높이기 위한 실험을 해서는 안 된다는 의미는 자칫하면 리텐션과 전환율을 높이는 것 자체가 '목적'이 될 수 있기 때문이다. **이 단계에서의 목적은 제품–시장 적합성을 찾는 것이고, 리텐션과 전환율은 이를 확인하기 위한 수단으로 활용해야 한다.** 가령 가입하는 모든 회원에게 매일 푸시 알림을 보낸다면 일시적으로 리텐션 지표가 높아질 수는 있지만 그렇다고 해서 서비스가 푸시 알림 때문에 갑자기 제품–시장 직합성을 만족한다고 볼 수는 없다. 리텐션과 전환율은 제품–시장 적합성을 찾고 난 이후의 '결과'로 나타나는 지표이고, 이 지표 자체를 개선하는 것이 목적이 돼서는 안 된다는 점을 꼭 기억하자.

해야 하는 것
- 사용자를 직접 만나서 이야기를 듣기
- 사용자 행동 데이터 분석

이 시기에 해야 하는 가장 중요한 일은 사용자에 대해 더 많이 연구하고, 사용자를 이해하려고 노력하는 것이다. 특히 사용자를 이해하려면 직접 만나서 이야기를 듣는 과정이 꼭 필요하다(물론 사용자 인터뷰는 이 시기뿐 아니라 서비스를 만들고 개선해 나가는 전 과정에서 꼭 필요한 일이다). 사용자가 우리의 의도대로 서비스를 잘 쓰고 있는지, 우리가 포착하지 못한 숨겨진 니즈는 없는지, 실제로 제품을 사용하는 맥락이나 환경이 우리가 생각한 것과 동일한지에 대해 사용자의 생각을 직접 들어보고 그 행동을 꼼꼼하게 관찰해야 한다.

이 시기에 필요한 것은 1:1 사용자 인터뷰와 행동 관찰이다. 이 단계에서 포커스 그룹 인터뷰(Focus Group Interview)를 진행하는 경우도 있는데, 일반적으로 깊이 있는 인사이트를 찾기 위해서는 1:1로 진행하는 사용자 인터뷰(In-Depth Interview)가 더 효과적이다. 사용자 인터뷰에 대한 전문적인 훈련을 받은 모더레이터(moderator)가 진행하면 더 좋지만, 꼭 전문적인 인터뷰어가 아니더라도 다음 내용을 참고해서 인터뷰를 진행하는 경험을 쌓는다면 충분히 의미 있는 인터뷰를 진행할 수 있다.[7]

1. 미래가 아닌, 과거와 현재에 초점을 맞춘 질문을 할 것
2. 가정이 아닌, 경험을 물어볼 것
3. 결과가 아닌, 과정을 깊이 살펴볼 것
4. 기억이 아닌, 습관을 통해 드러난 구체적인 경험을 확인할 것
5. 일반화된 진술이 아닌, 개인의 경험이 드러날 수 있도록 질문/답변할 것
6. 편향된 믿음을 확인하는 과정이 아닌, 순수한 호기심으로 접근할 것

사용자 인터뷰는 내가 생각한 가설을 확인하는 과정이 아니고 사용자의 목소리와 의견을 통해 제품에 대한 사용 경험과 맥락을 깊이 있게 이해하는 과정이다. 인터뷰를 진행할 때 기대했던 답변을 끌어내기 위한 유도 질문을 해서는 안 된다. 마찬가지로 사용자가 답변한 내용을 문자 그대로 해석해서 서비스에 반영하는 것도 위험하다. 사용자가 이야기해주는 것은 '정답'이 아닌 '맥락'이라는 점에 유의하자.

인터뷰가 정성적인 데이터를 수집해서 제품의 PMF를 찾아가는 과정이라면, 같은 일을 하기 위해 정량적인 데이터를 활용할 수도 있다. 제품을 사용하는 과정에 대한 사용자 행동 로그를 잘 기록하고 있다면 사용자들이 어떤 시나리오에서 어떻게 행동하는지를 이해하는 데 큰 도움이 된다. 출시일을 맞추느라 급하게 기능 개발을 하다 보면 사용자 행동 로그 등의 데이터 수집이 생략된 채 출시되는 경우도 있는데, 막상 이렇게 출시한 제품

---

7 사용자 인터뷰에 대한 자세한 내용은 《사용자 인터뷰》(지앤선, 2015), 《야생의 고객》(김영사, 2015), 《질문이 답을 바꾼다》(어크로스, 2012) 같은 책을 참고하자.

의 문제를 발견하고 개선하려고 하면 참고할 만한 데이터가 없는 경우가 종종 발생한다. 제품의 사용 맥락을 이해하기 위해 사용자 행동 데이터를 수집하는 것은 선택이 아니라 필수이다. 이후 5장에서 이러한 로그 데이터를 수집하고 활용하는 방법에 대해 더 자세히 논의하겠다.

03장

AARRR

3.1 | AARRR 개요

1) 지표를 바라보는 관점: 과업 기반(Task-based) vs. 프레임워크 기반(Framework-based)

그로스 해킹의 근간이 되는 프레임워크는 AARRR이다. AARRR은 사업가이자 투자자인 데이브 맥클루어가 스타트업의 성장을 위해 제안한 지표 관리와 분석 방법론으로 널리 알려져 있다. AARRR을 제대로 이해하려면 단순히 AARRR의 각 알파벳이 무엇을 뜻하는지를 확인하기에 앞서 이 프레임워크가 어떤 배경에서 나왔는지를 이해해야 한다. AARRR은 결국 지표(metric)에 대한 이야기인데, 그로스 해킹에서 지표를 바라보는 관점에 대해 먼저 살펴보자.

그로스 해킹은 핵심 지표를 찾고, 그 지표를 성장시키는 방법을 찾는 활동이라고 할 수 있다. 우리는 지표를 통해 서비스의 성장 속도와 방향을 가늠할 수 있다. 일반적으로 지표는 서비스에서 쌓이는 로그를 특정 기준에 따라 요약한 숫자의 형태로 만들어진다. 지표를 잘 관리하고 활용한다는 것은 현재 우리 제품의 상황을 정확하게 이해할 수 있고, 목표가 명확하고, 의사결정을 내리는 데 참고할 수 있는 명확한 기준이 있다는 의미다.

그럼 우리 서비스의 지표를 어떤 식으로 측정하고 관리할 수 있을까? 지표를 측정하고 관리하는 방법은 크게 두 가지로 나눠서 생각할 수 있다. 첫 번째는 과업 기반(Task-based)의 지표 관리이고, 다음으로는 프레임워크 기반(Framework-based)의 지표 관리다. 똑같은 지표를 확인하더라도 이를 어떤 틀 안에서 살펴보느냐에 따라 활용 형태가 전혀 달라질 수 있다.

과업 기반(Task-based)의 지표 관리란 각 조직별로 담당하는 업무를 우선 정의한 후 해당 업무를 통해 발생하는 수치들을 지표화해서 관리하는 것을 의미한다. 가상의 서비스를 하나 떠올리고, 마케팅과 운영, 개발, 사업을 담당하는 부서가 있다고 가정해 보자. 마케팅팀은 검색 마케팅, SNS 마케팅, 이벤트 관리 업무를 담당하고, 운영팀은 사용자 문의/신고사항 처리, 강성 CS 중재, 스토어 리뷰 관리 등의 업무를 담당한다. 개발팀은 앱 업데이트와 버그 수정, 모니터링 시스템 구축 업무를 진행 중이며, 사업팀은 신규 계약과 파트너 관리, 판매 중 상품 관리 등의 업무를 담당한다고 가정하자.

과업 기반으로 지표 관리를 하는 조직에서는 각 업무를 진행하면서 만들어지는 수치를 집계하고 모니터링하는 식으로 지표 관리를 하게 된다. 가령 마케팅팀은 '검색 마케팅의 CTR이 3.5%였고, SNS 마케팅의 ROAS는 200%였고, 이벤트 참여자가 1200명이었다'와 같이 팀의 주요 지표를 관리한다. 운영팀은 '오늘 처리한 CS 문의 수는 300건이고, 이 달에 등록된 앱스토어 리뷰가 400개이며, 평균 평점은 3.2점이다'와 같이 지표를 모니터링하고 관리한다. 개발팀과 사업팀도 비슷한 방식으로 각각 팀에서 진행하는 주요 업무와 연관된 수치를 주요 지표로 정의해서 관리하게 된다.

마케팅팀

- **검색 마케팅**: 지난 달 네이버 검색광고 키워드별 CTR은 평균 3.5%입니다.
- **SNS 마케팅**: 이번 주 Facebook 광고의 ROAS는 200%입니다.
- **이벤트 관리**: 신학기 할인이벤트 참여자는 1200명입니다.

운영팀

- **사용자 문의/신고사항 처리**: 오늘 처리한 CS 문의 수는 300건입니다.
- **강성 CS 중재**: 지난 주 강성CS가 2건 발생했으며, 보상액은 60만 원입니다.
- **스토어 리뷰 관리**: 이번 달에 등록된 앱스토어 리뷰는 400개이고, 평균 평점은 3.2점입니다.

개발팀

- **앱 업데이트**: 월요일에 배포한 버전 3.0의 채택율은 60%입니다.
- **버그 Fix**: 이번 배포에는 총 12건의 버그 수정이 포함돼 있습니다.
- **모니터링 시스템 구축**: 서버 모니터링을 통해 총 35개 지표에 대해 얼럿을 받습니다.

사업팀

- **신규 계약**: 이번 달 신규 계약은 12건입니다.
- **파트너 관리**: 이번 달의 Churn MRR은 800만 원입니다.
- **판매 중 상품 관리**: 이번 달 판매상품의 ASP는 6만 원입니다.

그림 3-1 과업 기반 지표 관리 사례

실제로 많은 회사에서는 이처럼 팀별로 담당하는 과업에 따라 지표를 선별하고 모니터링하는 방식으로 지표를 관리한다. 하지만 이런 식으로 팀별 지표를 선정하고 관리하는 데는 몇 가지 문제점이 있다. 우선 **전체적으로 서비스 관점에서 무엇이 중요한 지표인지 판단하기가 어렵다는 점이다.** 가령, 마케팅팀이 담당하는 키워드별 CTR 지표와 운영팀이 담당하는 CS 문의 처리 수 지표 중 어떤 것이 더 중요한지 판단할 수 있을까? 검색광고 CTR 개선을 위한 키워드 관리 기능 개발과 CS 처리를 효율적으로 하기 위해 관리자 화면 기능 개선을 동시에 요청받았다면 개발팀은 어떤 업무를 우선적으로 처리해야 할까? 당연하게도 마케팅팀과 운영팀 모두 자신이 속한 팀과 관련된 업무가 더 중요하고 시급하다고 생각할 것이다.

이처럼 팀의 과업 기반으로 주요 지표를 모니터링하는 환경에서는 전사 관점에서의 지표 우선순위를 정의하기가 어렵다. 모든 팀의 업무는 나름의 중요도를 지니고 있기 때문이다. 사실 전사 입장에서 보면 서비스의 핵심 지표가 전체적인 서비스/프로덕트 관점에서 최적화되지 않고 팀별로 각각 관리되고 있다는 점은 굉장한 비효율을 야기한다. 흔히 팀별 KPI라고 부르는 핵심 지표도 마찬가지인데, 전체적인 관점에서 판단하기 어려운 각 팀별 KPI가 여기저기 흩어져 있고 이를 위한 리소스가 전사적으로 분산돼 있다면 서비스의 빠른 성장을 기대하기 어렵다.

또한 **팀별로 진행 중인 업무가 언제든 추가되거나 변경될 수 있기 때문에 모니터링하는 지표가 수시로 달라질 수 있다는 문제점이 있다.** 사실 모니터링 대상이 되는 지표가 달라지는 것 자체가 문제라기보다는 놓치고 있던 중요한 지표가 뒤늦게 여기저기서 발견된다는 문제점이 더 크다. 운영팀에서 앱스토어 리뷰와 사용자 CS 지표에 초점을 맞춰 업무를 진행하고 있었는데 나중에 보니 상품 페이지에 올라오는 사용자 후기 정보가 훨씬 더 중요하다는 점을 놓치는 것 등을 이런 사례로 들 수 있다. 현재 각 팀별로 진행하는 업무 외에 더 중요한 업무가 여기저기서 생겨날 수도 있고 중요하지만 놓치고 있던 업무가 뒤늦게 생길 수 있는데, 경직된 과업 위주로 지표를 모니터링하는 경우 팀이 봐야 하는 지표가 계속 흔들리게 된다.

이처럼 과업 기반으로 지표를 관리하는 것은 여러모로 비효율적이지만 여전히 많은 조직에서는 관행적으로 이런 방식으로 지표를 관리하고 이를 바탕으로 정기 보고서(주간 보고나 월간 보고)를 작성한다. **이런 방식으로 만들어진 보고서에서는 지표가 '성장'을 위해 활용되기보다는 '놀지 않았**

다는 것을 증명하기 위해' 사용된다. 한 주간의 업무를 지표로 정리한다고 할 때 그동안 수행한 업무를 가능한 한 많이 나열하고 그 업무로 인해 만들어진 수치들을 쭉 정리하면 적어도 무언가를 했다는 느낌은 받을 수 있기 때문이다. 하지만 중요한 것은 일을 '많이' 하는 것이 아니라 '지금 가장 필요한' 일에 집중해서 성과를 만들어내는 것이다. 이런 의미에서 단순히 했던 일을 나열하고 거기서 파생된 수치를 정리하는 수준의 지표 관리는 성장에 큰 도움이 되지 않는다.

2) 효율적인 지표 관리: AARRR

어떻게 하면 더 효율적으로 지표 관리를 할 수 있을까?

우선적으로 고려해야 하는 점은 **회사 조직도에 따라 지표를 나눠서 제각각 관리하지 말고 사용자의 서비스 이용 흐름(Use Flow)에 따라 단계별 주요 지표를 전체 서비스 관점에서 정의해야 한다는 점이다.** 즉, 유저가 들어오는 순간부터 나가는 순간까지를 모두 포괄하는 일종의 퍼널(funnel)을 만들고, 각 단계에서 핵심이 되는 지표가 무엇인지를 찾아야 한다. 앞에서 살펴본 것처럼 과업에서부터 출발해서 지표를 정의하는 것과는 정반대로, 지표를 우선 정의한 후 해당 지표를 원하는 방향으로 움직이게 하기 위해 어떤 과업이 필요할지를 거꾸로 고민해야 한다.

과업 기반 지표관리

부서별로 담당업무를 정의하고, 해당 업무를 하면서 생기는 숫자를 지표로 관리한다.

프레임워크 기반 지표관리

서비스 이용흐름에 따른 핵심 퍼널과 지표를 정의하고, 해당 지표를 개선하기 위한 과업을 수행한다.

그림 3-2 과업 기반 지표 관리와 프레임워크 기반 지표 관리

이러한 맥락에서 사용자의 이용 흐름에 따른 핵심 지표를 정의하는 데 매우 효율적으로 활용할 수 있는 프레임워크가 데이브 맥클루어의 AARRR이다. AARRR은 사용자의 서비스 이용 흐름을 기반으로 고객 유치(Acquisition), 활성화(Activation), 리텐션(Retention), 수익화(Revenue), 추천(Referral)이라는 다섯 가지 카테고리를 정의하고, 각 카테고리에서 핵심이 되는 지표를 발굴하고 이를 측정/개선하는 지표 관리 방법론을 의미한다. 앞에서 설명한 프레임워크 기반 지표 관리의 특성에서 알 수 있듯이, AARRR은 각 부서의 업무를 기반으로 한 지표기 이니라 사용자가 서비스에 진입하고, 핵심 기능을 사용하고, 결제하고, 이탈하는 라이프사이클(lifecycle) 전반에 걸친 핵심 지표를 찾고 관리하도록 한다.

그림 3–3 AARRR 프레임워크

3) AARRR에 대한 오해

2007년 AARRR이 처음 소개된 이후 오랜 시간이 흘렀지만 여전히 이 방법론은 강력한 지지를 받으며 많은 스타트업에서 지표를 활용하는 표준처럼 활용되고 있다. 실제로 많은 조직에서 AARRR을 기반으로 지표를 정의하고 관리한다. 하지만 아이러니하게도 AARRR을 진정으로 잘 이해하고 활용하는 조직은 굉장히 드물다. **AARRR이 무엇인지를 물어보면 고객 유치(Acquisition), 활성화(Activation), 리텐션(Retention), 수익화(Revenue), 추천(Referral)이라고 잘 대답하지만 실제 서비스에서 AARRR을 어떤 식으로 활용하고 있는지 물어보면 쉽게 대답하지 못한다.**

AARRR을 하나하나 살펴보기에 앞서 흔히 알려진 AARRR에 대한 오해를 몇 가지 짚고 넘어가자. AARRR에 대한 대표적인 오해는 다음과 같다.

- AARRR에 해당하는 5개 단계가 있고, 각 단계별로 지표를 모니터링하라는 것 아닌가?

  AARRR의 가치는 단순히 단계별로 지표를 모니터링하는 데서 그치지 않는다. 특히 '고객 유치(Acquisition) 단계에서는 DAU를 봐야 하고, 활성화(Activation) 단계에서는 이탈율(Bounce rate)을 봐야 하고…' 같은 식으로 서비스의 특성이나 포지셔닝을 고려하지 않고 단계별로 무조건 정해진 몇 개의 지표가 있다고 설명하는 경우도 봤는데, 이는 AARRR을 완전히 잘못 이해한 것이다. 사실 지표를 정의한 이후 지표를 계산하거나 모니터링하는 건 누구나 할 수 있다. 중요한 건 서비스의 특성에 따라 카테고리별로 어떤 지표를 봐야 할지를 선정하는 과정, 그리고 지표를 개선하기 위해 어떤 실험을 어떤 우선순위에 따라 진행할지를 결정하고 실행할 것인가다.

  또한 AARRR에 해당하는 지표들은 평면적이지 않고 굉장히 입체적이라는 점에 유의해야 한다. 리텐션을 어떻게 정의하느냐에 따라 굉장히 다양한 형태의 정보를 얻을 수 있고, 수익화를 어떻게 쪼개서 보느냐에 따라 같은 데이터를 가지고도 전혀 다른 인사이트를 찾아낼 수 있다.

- 5개 카테고리는 깔대기처럼 일종의 퍼널로 연결돼 있다고 했으니까 맨 앞에 있는 고객 유치부터 개선하면 되지 않나?

  소중한 팬을 분노한 안티로 만드는 가장 빠른 방법은 활성화와 유지율이 잘 준비되지 않았는데 고객 유치 채널을 활짝 열어버리는 것이다. 실제로 AARRR의 주창자인 데이브 맥클루어는 활성화과 유지율을 가장 우선적으로 개선하고, 그다음으로는 고객 유치와 추천을 개선하고, 마지막으로 수익화를 챙겨야 한다는 식으로 다섯 가지 카테고리의 개선 순서를 제안한 바 있다.

Dave McClure , Geek, Investor, Troublemaker, Sith Lord. at 500 Startups

note: although AAARR 5-step model is presented with 'Acquisition' first, the typical order i recommend startups to use is to focus on Activation & Retention first, "then" Acquisition & Referral, "then" Revenue.

주의: AARRR의 5단계 모델에서 '고객 유치'가 가장 먼저 나오긴 하지만 AARRR을 활용하려는 스타트업에게 개인적으로 추천하는 순서는 '활성화'와 '리텐션'에 우선 집중하는 것이다. 그다음에는 '고객 유치'와 '추천'이고, 마지막으로는 '수익화'다.

그림 3-4 AARRR 프레임워크에서 집중해야 하는 순서

4) AARRR을 활용하는 방법

- 각 단계별로 풀어야 하는 문제를 확인한다.

- 각 단계의 핵심이 되는 주요 지표를 선정하고, 해당 지표의 현재 수준을 측정한다.

- 측정된 지표가 가지는 의미를 이해한다.

- 개선해야 하는 목표 수준을 정하고, 실험을 통해 단계적으로 개선한다.

AARRR을 실무에서 잘 활용하려면 위와 같은 4단계를 통해 사용자와 서비스에 대해 깊이 있게 고민하는 과정이 필요하다. 단순히 지표 몇 개를 모니터링하는 수준이 아니라 각 단계가 지닌 의미를 명확히 이해하고, 그 것을 바탕으로 핵심지표를 선정한 후 실험을 통해 이를 개선해 나가는 과정을 하나하나 밟아가야 한다. 이에 대해서는 다음 장부터 자세히 살펴보겠다.

3.2 고객 유치(Acquisition)

1) 고객 유치(Acquisition)의 기본 개념

AARRR의 첫 번째 'A'는 고객 유치(Acquisition)다. 고객 유치는 사용자를 우리 서비스로 데려오는 것과 관련된 활동을 의미한다. **고객 유치 과정의 핵심은 고객 유치에 기여(Attribution)한 채널의 성과를 판단할 수 있는 모델을 만드는 것이다.**

일반적인 서비스는 고객 유치를 위해 굉장히 많은 마케팅 채널을 활용하고, 여러 개의 캠페인을 동시에 진행한다. 한 채널 안에서도 여러 영역에서 서로 다른 메시지를 전달할 수 있다. 이러한 환경에서는 어떤 채널에서 진행한 어떤 캠페인이 효과적이었는지, 어떤 크리에이티브로 만든 소재의 효율이 좋았는지를 측정하는 일이 생각보다 매우 복잡하다. 물론 각 광고 채널의 관리자 화면에서 여러 가지 데이터를 집계해서 보여주긴 하지만 우선 여기저기서 쏟아지는 데이터를 모아서 정리하는 것 자체가 쉽지 않다. 무엇보다도 하나하나의 채널 리포트를 단순히 취합해서 될 일이 아니라 나름의 기준을 두고 정리해서 종합적으로 봐야 하는데 페이스북, 구글, 네이버, 카카오 등 개별 광고 관리자 화면에서 보여주는 성과를 어떻게 하면 종합적으로 판단할 수 있을지는 굉장히 어려운 문제다.

유료 광고가 아닌 친구 초대나 자사 SNS 채널을 통해 유입된 자연 유입 트래픽의 성과를 판단하는 것도 어렵기는 마찬가지다. 일반적으로 이러한 자연 유입 트래픽은 파라미터 정보가 없거나 유실되는 케이스가 많기 때문에 모니터링하기가 더 어려운 편이다. 문제는 여기서 끝나지 않는다. 각 채널별 고객 유치 성과를 확인할 때 단순히 '데려온 사용자 수'를 보는 것으로 충분할까? 당연히 그렇지 않다. 어떤 채널을 통해 들어온 사용자들이 꾸준히 남아서 활동하는지, 결제로 전환되는 비율이 얼마나 되는지 등을 바탕으로 각 채널의 가치를 정확히 판단할 수 있어야 이를 기반으로 전체적인 마케팅 전략을 수립하거나 예산을 배분할 수 있기 때문이다.

이번 장에서는 이러한 문제를 해결하기 위해 고객 유치 과정에서의 성장 지표를 측정하고 관리하는 방법을 논의하겠다. 우선적으로 오가닉(Organic) 유저와 페이드(Paid) 유저에 대한 이야기부터 시작하자.

유입 채널에 따라 사용자를 구분할 때 사용하는 일반적인 분류 기준은 자발적으로 우리 서비스를 찾아오는 고객(Organic)과 비용을 집행한 마케팅 활동을 통해 우리 서비스를 찾아온 고객(Paid)을 나누는 것이다. 이 기준에 따르면 아래의 두 가지가 고객 유치의 성과를 판단하는 기본적인 출발점이 된다.

- 자발적으로 우리 서비스를 찾아온 고객이 얼마나 많은가?
- 유료 마케팅 채널을 얼마나 효율적으로 사용했는가?

구글 애널리틱스[8]나 앱스플라이어(AppsFlyer)[9] 같은 서비스에서는 유입에 대한 데이터를 분석해서 오가닉 가입자의 비중이나 유료 마케팅 채널의 성과를 모니터링할 수 있게 해 준다. 예를 들면, 구글 애널리틱스의 '획득' 메뉴에서는 그림 3-5와 같이 서비스로 들어온 트래픽을 출처에 따라 분류해서 보여준다.

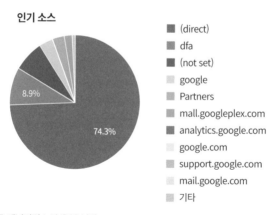

그림 3-5 구글 애널리틱스의 유입 식별

여기서 꼭 짚고 넘어가야 할 점이 있다. 이러한 분석 서비스에서 정의하는 'Direct' 혹은 'Organic'이라는 분류가 '자발적으로 우리 서비스를 찾아온'에 해당하는 것이 아니라는 점이다. 예를 들면, 구글 애널리틱스에서는 유입된 트래픽이 특정 파라미터(parameter) 값을 가지고 있으면 해당 파라미터 값을 기반으로 유입 출처를 분류한다. 반면 아무런 파라미터 값도 갖지 않은 트래픽은 'Organic'으로 분류한다. 마찬가지로 앱스플라이어 같은 어트리뷰션 서비스의 경우 앱 설치 이벤트가 발생했을 때 어트리뷰션 링크의 미디어 소스를 바탕으로 앱 설치 기여도를 판단한다. 하지만 아무런 미디어 소스도 없다면 이를 '자연 유입으로 인한 설치(Organic install)'로 구분한다. 뭔가 이상하다는 것을 눈치챘는가? **일반적으로 오가닉이라는 분류는 '자발적으로 유입된 사용자'라는 의미로 사용되지만 실제 트래킹 서비스에서 이 분류를 나눌 때의 기준은 '유입된 채널을 식별할 수 없는 사용자'에 가깝다.**

이를 고려하지 않고 무조건 '오가닉에 해당하는 유입을 늘리는 게 중요해!'라고 생각한다면 어떻게 될까? 극단적으로는 유료 마케팅 채널을 통해 유입된 트래픽을 열심히 트래킹하지 않을수록 오가닉 유저가 늘어난 것처럼 보일 것이다. 유료 마케팅 채널에서 들어온 트래픽이라고 하더라도 제대로 된 파라미터를 가지고 있지 않다면 트래킹 서비스에서는 이를 오가닉 트래픽으로 분류하기 때문이다. 하지만 당연하게도 이런 식으로 사용자를 식별해서는 고객 유치에 대한 지표를 올바르게 확인할 수 없다.

정리하면 오가닉이라는 단어 자체는 '자발적으로 우리 서비스를 찾아서 들어온 고객'과 같은 느낌을 주지만, 실제로 오가닉으로 분류되는 트래픽은 **유입 경로가 명확하게 식별되지 않은 트래픽**으로 봐야 한다. 이러한 점을

고려하면 고객 유치 채널을 구분할 때 오가닉(Organic)이라는 용어보다
는 **미식별(Unknown)**이라는 용어를 사용하는 편이 더 적합하다고 생각
한다.

관점 1. 무료(Organic) vs. 유료(Paid)

- 자발적으로 우리 서비스를 찾아오는 고객
  (Organic)
- 마케팅 활동으로 인해 우리 서비스를 찾아
  온 고객(Paid)

관점 2. 식별(Identified) vs. 미식별(Unknown)

- 페이스북 광고를 보고 들어온 고객
- 친구 초대를 통해 들어온 고객
- 제휴 마케팅을 통해 들어온 고객
- 네이버 검색을 통해 들어온 고객
- 유튜브 동영상 광고를 보고 들어온 고객
  …
- 어떻게 들어왔는지 알 수 없는 고객(Unknown)

무료(Organic) 유입을 늘리자!   미식별(Unknown) 유입을 줄이자!

그림 3-6 고객 유치 데이터를 보는 두 가지 관점

즉, 고객 유치 데이터를 분석할 때 중요한 포인트는 오가닉 트래픽의 비중
을 높이는 것이 아니라 가능한 한 많은 트래픽을 식별해서 미식별 트래픽
의 비중을 최대한 줄이는 방향이어야 한다는 것이다.

결론적으로 고객 유치와 관련해서 풀어야 하는 문제는 다음과 같다.

- **어떻게 하면 사용자의 유입 채널을 최대한 누락 없이 정확하게 추적하고**
- **각 채널별 성과를 정확히 판단할 수 있을까?**

2) 고객 획득 비용(Customer Acquisition Cost, CAC)

고객 유치 과정에서의 채널별 성과는 어떤 기준으로 측정할 수 있을까? 이때 사용되는 개념이 **고객 획득 비용**(Customer Acquisition Cost, CAC)이다. 고객 유치와 관련된 핵심 지표를 딱 하나만 꼽으라면 고객 획득 비용을 들 수 있다. 고객 획득 비용은 한 명의 사용자를 데려오기 위해 지출하는 평균 비용을 의미한다.

고객 획득 비용을 계산하는 데 가장 흔히 사용되는 방법은 마케팅에 사용한 비용을 가입한 유저 수로 나누는 방법이다. 가령 광고비를 2천만 원 써서 가입자가 5천 명 생겼다면 고객 획득 비용은 4,000원이라고 계산할 수 있다(20,000,000 / 5,000 = 4,000). 하지만 실제 현실에서 이런 식의 계산은 전혀 쓸모가 없다. 채널, 캠페인, 날짜 등을 고려하지 않고 그냥 전체 마케팅 예산과 전체 가입자 수를 나누는 것으로는 얻을 수 있는 인사이트가 전무하기 때문이다. 고객 획득 비용 지표를 활용하는 것의 핵심은 채널별, 캠페인별, 광고별, 날짜별 데이터를 쪼개서 보는 데 있다. 여러 가지 조건에 따라 고객 획득 비용을 각각 쪼개서 계산할 수 있다면 '어느 채널에 얼마의 기간 동안 어떤 캠페인으로 얼마의 예산을 집행할 것인가'라는 질문에 답할 수 있게 된다.

따라서 고객 획득 비용에 대한 구체적인 논의를 하기 위해서는 우선적으로 각 채널별, 캠페인별, 광고별로 얼마의 예산을 집행했고 긱 경로를 통한 유입이 정확히 어떻게 되는지 정확하게 추적할 필요가 있다. 웹에서는 UTM 파라미터, 앱에서는 어트리뷰션이 그 역할을 한다.

3) UTM 파라미터(UTM parameter)

어떻게 하면 사용자의 유입 채널을 최대한 누락 없이 정확하게 추적할 수 있을까? 쉬운 비유를 위해 신규 고객을 찾고 있는 헬스장이 있다고 가정해 보자.

헬스장에서 신규 고객을 유치하기 위해 흔히 하는 마케팅 방법은 거리에서 전단지를 나눠주는 것이다. 만약 1,000장의 전단지가 있다면 어디서 나눠주는 게 효과적일까? 헬스장 앞 인도? 유동인구가 많은 지하철역? 사람들이 멈춰서 기다리는 횡단보도 앞? 어떤 곳에서 전단지를 배포하는 게 가장 좋은지 확인하려면 아르바이트생을 여러 명 고용해서 서로 다른 장소에서 전단지를 나눠준 다음 전단지를 가지고 온 고객에게 '이거 어디서 받으셨어요?'라고 물어보면 된다(사실 굳이 물어보지 않더라도 전단지 뒷면에 나눠준 장소에 대해 조그맣게 표시해두면 된다). 지하철역에서 받은 전단지를 가져오는 고객이 가장 많고, 대학교 앞에서 받은 전단지를 가져오는 고객은 한 명도 없었다면 다음에 인쇄한 전단지는 지하철역에서 더 많이 나눠주고 대학교 앞에서는 전단지를 나눠주지 않아야 한다는 의사결정을 내릴 수 있다. 이처럼 홍보하는 장소에 따른 효과를 측정할 수 있다면 다음 행동에 대한 의사결정을 할 수 있다. 웹 트래픽에서는 유입 효과를 판단하기 위한 장소 정보를 **소스(Source)**라는 용어로 표현한다.

그림 3-7 유입 소스(Source) 측정하기

장소 외에도 테스트를 할 수 있는 요인이 있을까? 물론이다. 똑같은 장소에서 전단지를 나눠주더라도 전단지에서 강조하는 **캠페인(Campaign)** 내용을 다르게 할 수 있다. 전단지의 절반은 '30% 할인'이라는 캠페인을 강조하고, 나머지 절반은 '3개월 등록 시 1개월 무료'라는 캠페인을 강조한다고 해보자. 똑같이 여러 지역에서 전단지를 나눠주는데, 이번에는 서로 다른 이벤트가 표시된 두 개의 전단지를 번갈아 나눠준다. 마찬가지로 전단지를 보고 온 사람에게 물어볼 수 있다. "이거 어디서 받으셨어요? 그리고 전단지에 있는 어떤 이벤트 보고 오셨어요?" 이 질문을 통해 장소와 캠페인의 효과를 모두 살펴볼 수 있다.

그림 3-8 유입 소스와 캠페인 측정하기

비슷한 방법으로 **매체(Medium)**의 효과를 측정할 수 있다. 여러 장소에서 서로 다른 캠페인이 적힌 홍보물을 나눠주는 것까지는 같은데, 일부는 전단지로 나눠주고 나머지는 부채로 나눠준다고 가정해 보자. 이 경우에는 물어볼 수 있는 질문이 더 생긴다. "이거 어디서 받으셨어요? 거기에 적힌 어떤 이벤트를 보고 오셨어요? 혹시 부채를 받으셨어요? 아니면 전단지를 받으셨어요?" 이제는 장소, 캠페인, 매체의 효과를 모두 측정할 수 있게 됐다.

그림 3-9 유입 소스와 캠페인, 매체 측정하기

이처럼 고객을 유치하는 장소, 캠페인, 매체에 대한 다양한 경우의 수를 만들고, 새로 온 고객에게 어떤 전단지를 받고 왔는지를 물어보면 회원을 모집하는 데 효과적인 장소, 캠페인, 매체를 알 수 있다. 앞에서는 오프라인 예시를 들었지만 온라인에서 유입 캠페인의 효과를 측정하는 방법도 개념적으로는 동일하다. 온라인 유입의 경우 회원 한 명 한 명에게 이 내용을 물어볼 수는 없지만 새로운 회원이 가입할 때 어떤 파라미터(parameter)가 달린 URL로 접속했는지 확인해서 이 같은 정보를 훨씬 더 정확하게 파악할 수 있다. (전단지를 받고 온 사람에게 하나하나 물어보지

않더라도 전단지 뒷면에 조그맣게 표시해 두면 어디서 받은 전단지인지를 알 수 있는 것과 동일하다. 심지어 오프라인에서는 전단지를 받고 나서 들고 오지 않는 사람도 있지만 온라인의 경우 UTM 파라미터만 잘 설정돼 있으면 누락 없이 모든 데이터를 측정할 수 있다.)

온라인에서 유입 경로를 확인하기 위해 가장 널리 사용되는 기능은 **UTM 파라미터**다. UTM 파라미터는 서비스로 인입된 트래픽이 어느 경로를 통해 들어왔는지 그 출처를 확인할 수 있도록 URL 뒤에 추가된 파라미터를 의미한다. UTM이라는 용어는 Urchin Tracking Module의 약자인데, 여기서 Urchin은 웹사이트 트래킹 모듈을 개발한 회사 이름이다. 이 회사는 2005년 구글에 인수됐고, 이후 UTM에 관련된 기능이 구글 애널리틱스에 도입되면서 구글을 비롯한 주요 데이터 분석 서비스에서 거의 표준처럼 활용되고 있다.

UTM 파라미터의 구조는 굉장히 간단하다. 웹페이지 URL 뒤에 '?'를 붙인 후 소스(utm_source), 매체(utm_medium), 캠페인(utm_campaign), 검색어(utm_term), 콘텐츠(utm_content)에 해당하는 파라미터를 추가해서 새로운 URL을 생성하기만 하면 된다. 여러 개의 UTM 파라미터를 동시에 사용하는 경우에는 '&' 기호로 연결한다는 점을 참고하자. UTM 파라미터를 통해 유입된 트래픽의 출처나 특성을 확인하기 위해서는 우선적으로 각 광고 채널이나 친구 초대 등 고객 유치 목적으로 사용되는 링크마다 고유한 UTM 파라미디가 붙은 별도의 링크를 사용해야 한다. 사용자가 이렇게 만들어진 URL을 클릭하면 해당 URL에 지정된 파라미터 값이 구글 애널리틱스 등 분석 서비스에 전달되어 방문자가 어느 경로를 통해 웹사이트에 진입했는지 손쉽게 식별할 수 있다.

		utm_source	어디에서 왔나?
		utm_medium	어떤 유형의 링크인가?
랜딩페이지 URL	+?	utm_campaign	어떤 캠페인을 통해서 왔나?
		utm_term	어떤 키워드로 검색해서 왔나?
		utm_content	어떤 내용을 보고 왔나?

그림 3-10 UTM 파라미터의 구조

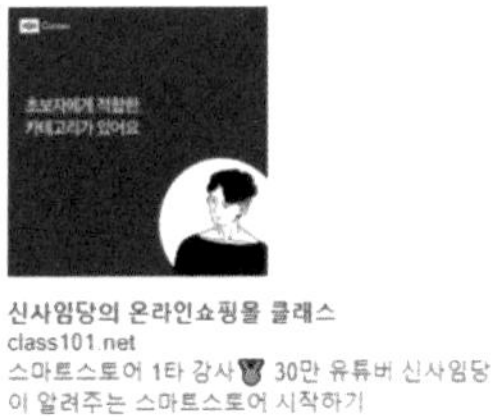
초보자에게 적합한
카테고리가 있어요
신사임당의 온라인쇼핑몰 클래스
class101.net
스마트스토어 1타 강사 30만 유튜버 신사임당
이 알려주는 스마트스토어 시작하기

class101.net/products/nE3Rka3C8quVUg6sJTXu?
utm_source=facebook&utm_medium=cpm&utm_campaign=career_lifestyle_purchase
&utm_term=interest&utm_content=imagedco2

그림 3-11 UTM 파라미터의 활용 예

구글이 제공하는 캠페인 URL 생성기(Campaign URL Builder)[10]를 이용하면 원하는 파라미터가 적용된 URL을 쉽게 생성할 수 있다. 그림 3-12에서 캠페인 URL 생성기를 활용하는 예를 볼 수 있다. 랜딩 페이지로 사용할 웹사이트 URL을 가장 먼저 입력한 후 소스, 매체, 캠페인, 검색어, 콘텐츠에 해당하는 파라미터를 입력하면 하단에 입력한 내용이 반영된 새로운 URL이 실시간으로 생성된다. 이처럼 여러 가지 파라미터의 조합에 따라 링크를 생성한 다음, 광고 매체나 SNS 등에서 서로 다른 링크를 사용해 마케팅 활동을 하면 어떤 채널이나 캠페인이 고객을 모으는 데 효과적인지 어렵지 않게 판단할 수 있다.

10 https://ga-dev-tools.appspot.com/campaign-url-builder/

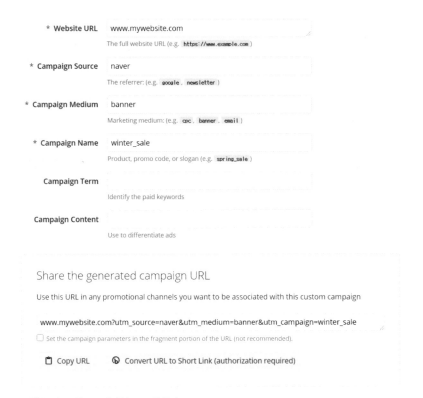

그림 3-12 구글 utm 캠페인 URL 생성기

구글 애널리틱스는 UTM 파라미터가 반영된 링크를 통해 유입된 트래픽을 확인하는 기능을 제공한다. 구글 애널리틱스의 메뉴에서 [획득] → [전체 트래픽] → [소스/매체]를 클릭하면 소스(utm_source), 매체(utm_medium) 등 주요 UTM 피리미터별로 방문한 사용자 수나 세션 수, 이탈률, 평균 세션 시간 등의 정보를 확인할 수 있다. 그림 3-13에 표시된 서비스의 경우 50% 이상의 트래픽이 구글 검색을 통해 유입되고 있음을 확인할 수 있다. 자연 유입이나 검색 이외의 제휴 파트너를 통한 트래픽도 일부 존재하는 것을 볼 수 있는데(Partners/affiliate) 이러한 식으로 유입 및 활동 정보를 채널별로 쪼개서 살펴봄으로써 각 채널의 성과를 측정하고 관련 마케팅이나 제휴 우선순위를 효과적으로 정할 수 있다.

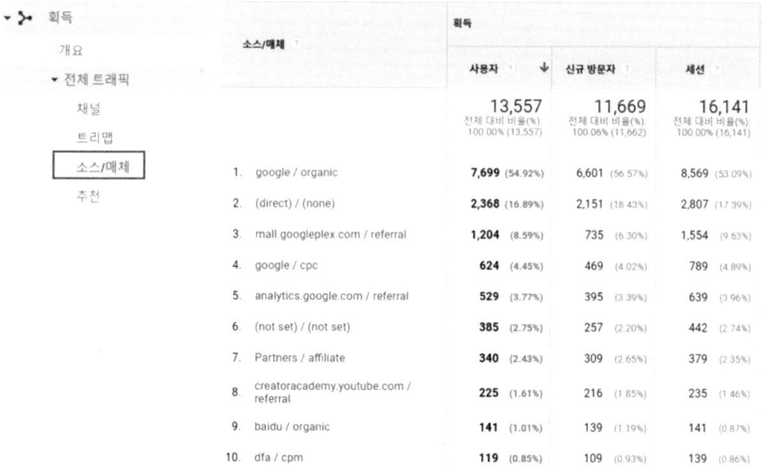

그림 3-13 구글 애널리틱스에서 확인할 수 있는 UTM별 유입 정보

구글 애널리틱스에서 소스나 매체 이외에 캠페인(utm_campaign)이나 검색어(utm_term) 등 추가적인 파라미터를 통한 유입을 확인하려면 그림 3-14와 같이 보조 측정기준을 선택해서 추가하면 된다. 보조 측정기준을 설정하면 기본으로 표시되는 소스/매체별 트래픽을 한 단계 더 세분화해서 확인할 수 있다.

그림 3-14 구글 애널리틱스의 보조 측정기준 활용하기

4) 모바일 앱 어트리뷰션(Attribution)

앞서 웹사이트의 유입 기여도를 측정하기 위해 UTM 파라미터를 활용하는 방법을 살펴봤다. 하지만 모바일 앱의 경우에는 UTM 파라미터 형태로 유입 기여도를 확인할 수가 없다. 모바일 앱은 링크를 클릭한 후 앱스토어로 이동한 다음에 앱을 설치하고 실행하는 과정이 필요한데, 앱스토어로 이동하는 과정을 거치면서 URL에 지정된 UTM 파라미터가 유실되기 때문이다. 따라서 모바일 앱에서의 기여도를 확인하려면 UTM 파라미터가 아닌 다른 방법을 사용해야 한다.

모바일 앱에서의 유입 기여를 살펴보기 위해서는 **어트리뷰션**(Attribution) 이라는 개념이 사용된다. 어트리뷰션은 사용자가 앱을 설치하고 사용하는데 어떤 채널이 기여했는지를 식별함으로써 모바일 앱의 마케팅 성과를 판단하는 과정이다. 어트리뷰션은 UTM 파라미터 방식에 비해 훨씬 복잡한 과정을 통해 이뤄지며, 이를 위한 기술적 뒷받침이 필요하다. UTM 파라미터는 손쉽게 만들어서 무료 도구인 구글 애널리틱스 등을 통해 성과를 측정할 수 있지만 어트리뷰션을 확인하기 위해서는 대부분 유료로 제공되는 별도의 서비스를 사용하는 것이 일반적이다.

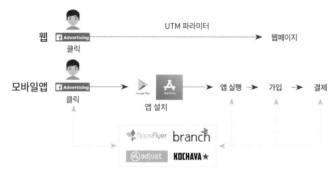

그림 3-15 웹 UTM 파라미터와 모바일 앱 어트리뷰션

잘 알려진 어트리뷰션 서비스로 앱스플라이어, 애드저스트(Adjust)[11], 브랜치(Branch)[12], 코차바(Kochava)[13] 등의 글로벌 서비스와 에어브릿지(Airbridge)[14], 애드브릭스(Adbrix)[15] 등의 국내 서비스를 들 수 있다. 어트리뷰션 서비스들은 클릭을 통해 앱스토어로 이동한 사용자와 스토어에서 앱을 설치하고 실행한 사용자를 기술적으로 매핑한 다음, 어떤 클릭이 앱 설치와 가입에 더 많이 기여했는지 확인할 수 있게 해 준다. 각 서비스별로 어트리뷰션을 판단하는 기준과 기술적인 구현 방식이 조금씩 다를 수 있다는 점에 유의하자. 사실상 업계 표준으로 활용되고 있는 UTM 파라미터와 달리, 어트리뷰션에 대한 글로벌 표준이 따로 있는 것은 아니다.

---

11 https://www.adjust.com/ko/
12 https://branch.io/ko/
13 https://www.kochava.com/
14 https://www.airbridge.io/
15 https://adbrix.io

어트리뷰션 서비스별로 조금씩 다르지만 어트리뷰션 서비스에서 사용자를 정확히 식별하기 위해서는 인스톨 레퍼러(install referrer), 디바이스 아이디 매핑(device ID mapping), 핑거프린팅(Fingerprinting) 등의 기술적인 방법이 활용된다. 사실 각 기술에 관한 세부적인 내용까지 몰라도 어트리뷰션 데이터를 활용해 유입 성과를 파악하는 데는 문제가 없다. 각 서비스별로 어트리뷰션 구현 방식이나 세부적인 로직을 확인하려면 다음 URL을 참고하자.

앱스플라이어

- https://support.appsflyer.com/hc/ko/articles/207447053-어트리뷰션-모델-설명

브랜치

- https://help.branch.io/using-branch/docs/branch-attribution-logic-settings

애드저스트

- https://docs.adjust.com/ko/network-integration/

에어브릿지

- https://help.airbridge.io/hc/ko/articles/900003300526

어트리뷰션을 잘 이해하려면 몇 가지 관련 개념을 알아둘 필요가 있다.

어트리뷰션 윈도우(Attribution window)

사용자가 페이스북 광고를 클릭하고 앱을 설치했다면 일반적으로는 페이스북 광고가 앱 설치에 기여했다고 판단할 수 있다. 이처럼 앱을 설치하게 하는 데 영향을 미친 이벤트를 기여 이벤트라고 한다. 어트리뷰션 윈도우는 기여 이벤트가 발생한 이후 얼마만큼의 기간 동안 발생한 전환에 대해

어트리뷰션을 인정할 것인가를 의미하는 용어로서 **룩백 윈도우**(lookback window)라고도 한다. 사용자가 페이스북 광고를 클릭한 후 마이리얼트립 앱을 설치하는 사례를 예로 들어보자.

페이스북 광고
클릭   앱 설치   앱 실행

그림 3-16 앱 어트리뷰션 프로세스

그림 3-16과 같이 사용자가 페이스북 광고를 클릭하고 앱 스토어로 가서 마이리얼트립 앱을 설치한 다음 실행한다면 기본적인 어트리뷰션 룰에 따라 페이스북 광고가 앱을 설치하는 데 기여한 것으로 인정받는다.

페이스북 광고를 클릭하고 스토어로 이동하긴 했지만 바로 앱을 설치하지 않은 경우는 어떨까? 광고를 클릭하긴 했지만 바로 설치하지 않고, 다음 날 광고에서 봤던 마이리얼트립 앱이 생각나서 스토어에 직접 가서 앱을 검색해서 설치하는 경우에도 페이스북 광고의 성과라고 볼 수 있을까? 광고 클릭과 앱 설치가 하나의 세션 안에서 일어나진 않았지만 광고를 통해 마이리얼트립이라는 앱을 알게 됐고 다음 날 실제로 설치했다면 이는 페이스북 광고의 성과라고 해도 크게 틀리진 않을 것이다.

혹은 이런 경우도 생각해 보자. 사용자가 페이스북 광고를 클릭하긴 했는데, 클릭하고 들어간 앱스토어에서 앱을 설치하지 않았다. 시간이 한참 흘러서 30일이 지난 후에 사용자가 앱스토어에 들어간 뒤에 마이리얼트립을 검색한 후 앱을 설치해서 실행했다. 이런 경우에도 마이리얼트립 앱을 설치하는 데 페이스북 광고가 기여했다고 볼 수 있을까? 30일이 너무 길다면 14일은 어떨까? 아니면 7일, 혹은 3일이라면?

어트리뷰션 이벤트가 발생한 이후,
앱 설치&실행까지 어느 정도 기간 안에 발생해야 해당 채널의 어트리뷰션을 인정할 것인가?

어트리뷰션 이벤트가 발생하더라도
어트리뷰션 윈도우 기간 안에 앱 설치&실행이 발생하지 않으면 해당 채널의 어트리뷰션 성과로 인정하지 않는다.

그림 3–17 어트리뷰션 윈도우

이처럼 기여 채널의 성과를 판단하기 위해서는 기여 이벤트(여기서는 페이스북 광고 클릭)가 발생한 후 어느 정도의 기간 내에 발생한 어트리뷰션을 해당 채널의 성과로 인정할 것인가에 대한 기준이 필요하다. 만약 페이스북 광고 클릭에 대한 어트리뷰션 윈도우가 7일이라면 페이스북 광고를 클릭하고 6일이 지난 뒤에 앱 설치를 한 것은 페이스북 광고 성과로 인정받는다. 반면 페이스북 광고를 클릭하고 8일이 지난 후 앱을 설치한 사용자의 경우에는 페이스북 광고 성과로 인정하지 않는다. 뒤에서 더 상세하게 논의하겠지만 '어트리뷰션 윈도우를 O일로 해야 한다'는 식의 일반화된 규칙이 있는 게 아니기 때문에 각 채널별로 어트리뷰션 윈도우를 어떻게 정의할지에 대한 기준을 잘 세우는 것이 대단히 중요하다.

어트리뷰션 유형: 클릭-스루와 뷰-스루

일반적으로 어트리뷰션은 클릭에 의해 발생한다고 생각하지만 꼭 그런 것만은 아니다. 가령 유튜브에서 광고 영상을 보고 나서 (클릭은 하지 않았지만) 좋은 인상이 남아서 나중에 앱스토어에 직접 들어가서 앱을 설치하는 경우를 생각해 보자. 이렇게 발생한 앱 설치는 유튜브 광고가 기여한 것으로 볼 수 있을까? 물론이다. 이처럼 광고를 꼭 클릭하지 않더라도 광고를 조회한 것이 앱 설치에 영향을 미쳤다면 기여로 인정할 수 있다. 실제로 페이스북이나 구글과 같은 주요 매체는 광고를 클릭한 것뿐 아니라 광고를 조회한 것도 기여 이벤트로 인정하고 있다.

클릭을 통해 발생하는 기여를 클릭-스루(click-through)라고 하고, 조회를 통해 발생하는 기여를 뷰-스루(view-through)라고 한다. 어트리뷰션 윈도우를 매체별로 설정할 수 있는 것과 마찬가지로 클릭-스루와 뷰-스루에 대한 인정 여부도 매체별로 설정 가능하기 때문에 성과를 측정하는 데 적합하다고 판단되는 측정 기준을 잘 정의해야 한다. (페이스북 같은 광고 채널 내에서도 설정 가능하고 앱스플라이어 같은 어트리뷰션 서비스에서도 설정 가능하다.) 경우에 따라서는 클릭-스루만 인정하고 뷰-스루는 인정하지 않는 경우도 있고, 클릭-스루와 뷰-스루를 모두 인정하되 두 가지 기여에 대한 어트리뷰션 윈도우를 다르게 책정하기도 한다. 일반적으로 클릭-스루의 어트리뷰션 윈도우는 뷰-스루의 어트리뷰션 윈도우 대비 길게 가져가는 것이 보통이다. 앱스플라이어의 경우 클릭-스루 어트리뷰션 윈도우는 7일, 뷰-스루 어트리뷰션 윈도우는 1일을 기본값으로 삼고 있다.

→ 클릭-스루(Click-through)를 통한 어트리뷰션

→ 뷰-스루(View-through)를 통한 어트리뷰션

그림 3-18 어트리뷰션 유형

어트리뷰션 모델(Attribution Model)

페이스북 광고를 클릭하고 스토어로 이동했지만 거기서는 앱을 설치하지 않았는데, 잠시 후 유튜브 광고를 클릭하고 다시 스토어로 이동해서 앱을 설치했다면 여기서 발생한 앱 설치는 어떤 광고의 기여로 판단해야 할까? 서비스를 최초로 인지시키고 클릭까지 유도한 페이스북 광고의 기여로 판단해야 할까, 아니면 최종적으로 앱을 설치하도록 유도한 유튜브 광고의 기여로 봐야 할까? 혹은 기여도를 50:50으로 배분해야 할까?

기여 이벤트가 단 하나라면 명확하게 특정 채널의 어트리뷰션을 판단할 수 있지만 위 사례처럼 어트리뷰션 접점이 2개 이상인 경우 기여도를 판단하기가 쉽지 않다. 이처럼 2개 이상의 기여 이벤트가 발생했을 때 각 채널의 기여도를 어떻게 판단할지 결정하는 것은 어려운 문제다. 하지만 현실에서 굉장히 빈번하게 발생하는 사례이기도 하다. 일반적으로 앱 마케팅은 단일 채널에서만 진행되는 경우보다 여러 채널에서 동시다발적으로 진행되는 경우가 많기 때문이다. 네이버, 카카오, 페이스북, 구글 등 주요

매체에 모두 광고를 집행하는 경우라면 앱 설치 1건을 발생시키는 데 3~4
개의 기여 이벤트가 발생하기도 한다. 각 기여 이벤트마다 어트리뷰션 윈
도우가 서로 다를 수 있고 클릭-스루와 뷰-스루가 제각각이기 때문에 그
림 3-19와 같이 굉장히 복잡한 경우의 수가 발생할 수도 있다.

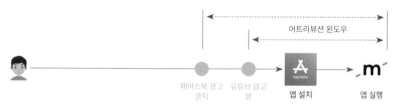

→ 페이스북 광고 클릭과 유튜브 광고 뷰 중 어떤 이벤트의 기여를 인정할 것인가?

→ 앱 설치가 발생하기 전 기여 이벤트가 5회 발생했다면 이 경우 어떤 채널을 어트리뷰션할 것인가?
그림 3-19 기여 이벤트가 여러 개인 어트리뷰션

이처럼 복잡한 기여 시나리오에서는 어떤 기준으로 어트리뷰션 기준을 정
할 수 있을까? 상호작용이 발생한 모든 채널의 기여도를 다 인정해야 할
까? 혹은 가장 '결정적인' 기여를 했다고 판단되는 채널의 기여도를 독점
적으로 인정해야 할까? 아니면 여러 채널의 기여도를 모두 인정하긴 하지
만 서로 다른 가중치를 부여해야 할까?

여러 개의 어트리뷰션 접점이 발생하는 경우에는 기여도에 대한 판단
을 내릴 수 있게 하는 일종의 기준이 필요하다. 이를 **어트리뷰션 모델**이
라고 한다. 대표적인 어트리뷰션 모델에는 퍼스트 클릭(First click), 라
스트 클릭(Last click), 선형(Linear), 타임 디케이(Time Decay), U자형
(U-Shape) 등이 있다.

퍼스트 클릭과 라스트 클릭은 대표적인 싱글 터치 어트리뷰션(Single-touch attribution) 모델이다. 싱글 터치 어트리뷰션 모델에서는 여러 채널 중 가장 기여도가 높다고 판단되는 하나의 채널을 선정한 후 해당 채널의 어트리뷰션을 인정한다. **퍼스트 클릭 모델은 여러 건의 기여 이벤트가 발생했을 때 그중 첫 번째 매체의 성과를 100% 인정하는 방식의 어트리뷰션을 의미한다. 반대로 라스트 클릭 모델은 맨 마지막 상호작용에 기여한 매체의 성과를 100% 인정하는 방식이다.**

싱글 터치 어트리뷰션은 비교적 단순하고 기준이 명확하며 계산이 수월하다는 장점이 있다. 반면 어트리뷰션을 지나치게 단순화해서 계산하기 때문에 간접적으로 기여하는 채널들의 성과가 전혀 반영되지 않는다는 한계도 있다. 퍼스트 클릭이나 라스트 클릭 모델을 채택하는 경우 하나의 매체가 전체 어트리뷰션에 대한 기여도를 독점적으로 가져가기 때문에 그 결과가 왜곡될 수 있다는 점에 유의해야 한다. 기여 이벤트가 매우 많은 경우가 아니라면 싱글 터치 어트리뷰션은 간단하면서도 편리한 어트리뷰션 모델로 활용할 수 있다. 실제로 많은 광고 매체나 어트리뷰션 툴에서는 라스트 클릭 모델을 기본으로 채택하고 있다.

→ **퍼스트 클릭(First-click)** 어트리뷰션 모델은 가장 먼저 기여 이벤트가 발생한 채널의 성과를 녹섬석으로 인정한다.

→ **라스트 클릭(Last-click)** 어트리뷰션 모델은 가장 마지막에 기여 이벤트가 발생한 채널의 성과를 독점적으로 인정한다.

그림 3-20 싱글 터치 어트리뷰션 모델

멀티 터치 어트리뷰션(Multi-touch attribution)은 싱글 터치 어트리뷰션에 대비되는 개념이다. 멀티 터치 어트리뷰션은 여러 건의 어트리뷰션 접점이 발생했을 때 전체 기여도를 나름의 기준에 따라 2개 이상의 채널에 분배하는 형태로 어트리뷰션을 판단한다. 잘 알려진 멀티 터치 어트리뷰션의 예로는 선형, 타임 디케이, U자형 모델 등을 들 수 있다.

선형 어트리뷰션 모델은 어트리뷰션 접점이 발생한 모든 매체에 동일한 가중치를 부여하는 방식이다. 그림 3-21에서 볼 수 있듯이 설치 전에 총 5개의 매체에서 기여 이벤트가 발생했다면 각 매체에 해당 어트리뷰션의 20%씩 동등하게 기여도를 인정하는 방식이다. 멀티 터치 어트리뷰션의 가장 기본적인 형태라고 할 수 있다.

→ 선형(Linear) 어트리뷰션 모델은 모든 기여 이벤트에 대해서 동등한 가중치를 부여한다.

그림 3-21 선형 어트리뷰션 모델

타임 디케이 어트리뷰션 모델은 기여한 모든 채널의 어트리뷰션 기여도를 인정하지만 이 과정에서 각 채널의 기여도를 판단할 때 시간 흐름에 따라 가중치를 주는 방식이다. 타임 디케이 어트리뷰션 모델에서는 최근에 발생한 기여 이벤트일수록 높은 가중치를 준다. 그림 3-22에 표시된 타임 디케이 어트리뷰션 모델을 보면 맨 마지막 기여 이벤트를 발생시킨 유튜브에 전체 기여도의 50%를 주고, 그 이전에 기여한 채널들은 시간 순서에 따라 기여도를 나눠 가진 것을 확인할 수 있다.

➜ 타임 디케이(Time Decay) 어트리뷰션 모델은 최근에 발생한 기여 이벤트일수록 높은 가중치를 부여한다.

그림 3-22 타임 디케이 어트리뷰션 모델

U자형 어트리뷰션 모델은 시간 흐름에 따른 기여도 가중치를 인정한다는 측면에서는 타임 디케이 모델과 유사하지만 가장 먼저 발생한 기여 이벤트와 최근에 발생한 기여 이벤트에 동일하게 가중치를 부여하는 방식이다. 이 모델은 서비스를 처음으로 인지시킨 채널과 최종적인 전환에 직접 기여한 채널에 더 높은 가중치를 준다. (경우에 따라서는 첫 번째 기여 채널과 마지막 기여 채널에 50%씩의 가중치를 부여하고 나머지 채널에는 어트리뷰션 기여를 인정하지 않기도 한다.) 그림 3-23에 표시된 U자형 어트리뷰션 모델을 보면 첫 기여 이벤트가 발생한 네이버 광고와 마지막 기여 이벤트가 발생한 유튜브 광고의 가중치가 다른 채널에 비해 높게 나타난 것을 볼 수 있다.

➜ U자형(U-Shape) 어트리뷰션 모델은 첫 번째와 마지막 기여 이벤트에 대해 높은 가중치를 부여한다.

그림 3-23 U자형 어트리뷰션 모델

이상으로 어트리뷰션 윈도우, 어트리뷰션 유형(클릭-스루와 뷰-스루), 어트리뷰션 모델의 종류 등 고객 유치 과정에서 어트리뷰션을 활용할 때 고려해야 하는 여러 가지 요소를 살펴봤다. 실제로 앱스플라이어를 비롯한 주요 어트리뷰션 서비스에서는 앞에서 언급한 어트리뷰션의 각 요소를 사용자가 직접 설정할 수 있게 하는 기능을 세세하게 제공한다. 그림

3-24에 표시된 앱스플라이어의 파트너 연동 화면을 보면 클릭 스루에 대한 어트리뷰션 윈도우를 각각 얼마나 설정할지, 뷰-스루를 인정할지 말지, 만약 뷰-스루를 인정한다면 그 어트리뷰션 윈도우는 얼마나 길게 잡을지 등을 사용자가 자유롭게 설정할 수 있는 것을 확인할 수 있다. (다만 어트리뷰션 모델은 라스트 클릭을 원칙으로 하며, 이는 변경할 수 없다.) 매체마다 서로 다른 어트리뷰션 기준을 두는 것도 가능하다.

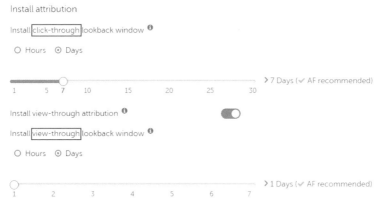

그림 3-24 앱스플라이어의 파트너별 어트리뷰션 설정

어트리뷰션 서비스뿐 아니라 주요 광고 채널에서도 자체 기준에 따른 어트리뷰션 조건을 설정할 수 있다. 가령 페이스북의 경우 그림 3-25, 3-26과 같은 형태로 어트리뷰션 유형과 어트리뷰션 윈도우를 설정하는 기능을 제공한다. 앱스플라이어와 마찬가지로 페이스북도 라스트 클릭 기반의 어트리뷰션 모델을 갖추고 있다. 페이스북은 실제 광고 성과를 확인할 때도 어트리뷰션 유형에 따른 성과를 분리해서 볼 수 있는 기능을 제공한다. 즉, 특정 캠페인을 통한 어트리뷰션이 발생했을 때 관련 어트리뷰션 이벤트가 뷰-스루였는지 클릭-스루였는지 구분해서 볼 수 있다(그림 3-27).

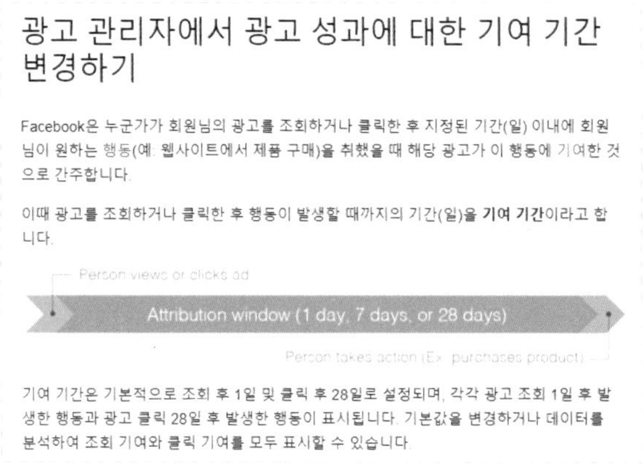

광고 관리자에서 광고 성과에 대한 기여 기간 변경하기

Facebook은 누군가가 회원님의 광고를 조회하거나 클릭한 후 지정된 기간(일) 이내에 회원님이 원하는 행동(예: 웹사이트에서 제품 구매)을 취했을 때 해당 광고가 이 행동에 기여한 것으로 간주합니다.

이때 광고를 조회하거나 클릭한 후 행동이 발생할 때까지의 기간(일)을 **기여 기간**이라고 합니다.

기여 기간은 기본적으로 조회 후 1일 및 클릭 후 28일로 설정되며, 각각 광고 조회 1일 후 발생한 행동과 광고 클릭 28일 후 발생한 행동이 표시됩니다. 기본값을 변경하거나 데이터를 분석하여 조회 기여와 클릭 기여를 모두 표시할 수 있습니다.

그림 3-25 페이스북 광고의 어트리뷰션 기간 설정 안내

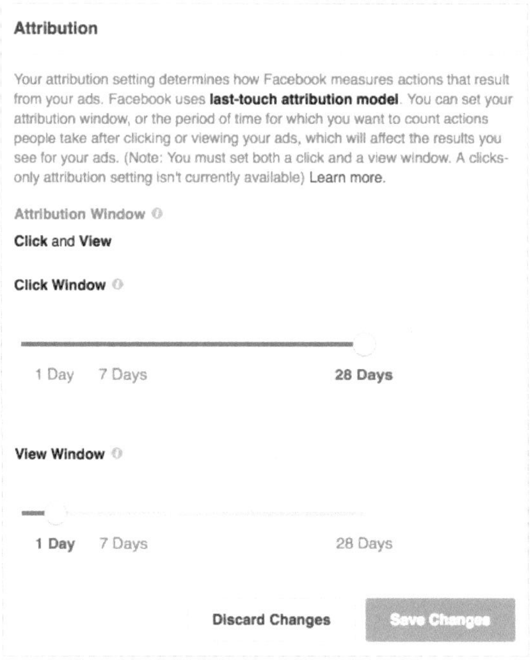

그림 3-26 페이스북의 광고 어트리뷰션 설정

광고 세트 이름	결과	결과 광고	결과 조회 기여	결과 클릭 기여
⬤ ▓▓▓	34 구매: 클릭 …	— 구매: 광고	34 구매: 1일	— 구매: 7일
⬤ ▓▓▓	121 구매: 클릭 …	— 구매: 광고	116 구매: 1일	5 구매: 7일
⬤ ▓▓▓	93 구매: 클릭 …	— 구매: 광고	88 구매: 1일	5 구매: 7일
＞ **광고 세트 3개 결과** ❶	**247** 구매	— 구매	**237** 구매	**10** 구매

그림 3-27 페이스북 광고 관리자에 표시되는 어트리뷰션 유형

어트리뷰션 기준을 어떻게 정의해야 할까?

어트리뷰션과 관련된 데이터를 분석할 때 가장 어려운 부분은 각 서비스나 회사에 적합한 어트리뷰션에 대한 나름의 기준을 정의하는 것이다. 다시 말하면, 어트리뷰션에는 절대적인 기준이 있는 것이 아니다. 어트리뷰션 윈도우를 3일로 할지, 7일로 할지, 뷰-스루를 어트리뷰션 터치 포인트로 인정할지 아니면 클릭-스루만 인정할지, 퍼스트 클릭 어트리뷰션 모델을 사용할지 혹은 타임 디케이 모델을 사용할지 등등 어트리뷰션 기준을 정할 때 정답이 없다는 점 때문에 많은 사람들이 어트리뷰션을 정의하고 분석하는 과정을 혼란스러워한다.

앞서 언급한 대로 이 단계에서 필요한 것은 '정답'을 찾는 것이 아니라 '원칙'을 세우는 일이다. 우리 서비스의 고객 유치 성과를 어떤 기준으로 측정할지에 대해 서비스 담당자들안에서 공감할 수 있는 명확한 기준이 있어야 한다. 앞서 설명한 UTM이나 어트리뷰션 서비스의 사용은 그러한 기준을 바탕으로 활용돼야 한다. 예를 들면, 다음과 같은 질문에 대해 사내에서 합의된 기준이 필요하다.

- 각 광고 채널별로 어트리뷰션 윈도우를 얼마나 길게 인정할 것인가?

- 클릭-스루와 뷰-스루에 대한 어트리뷰션 윈도우를 다르게 인정해야 할까? 만약 그렇다면 적절한 어트리뷰션 윈도우 기간은 어느 정도일까?

- 모바일 앱 어트리뷰션 윈도우와 동일한 형태로 웹 UTM에 대해서도 기여 윈도우(attribution window)를 인정할 것인가? 만약 인정한다면 얼마나 길게 인정해야 할까?

- 동일한 사용자의 웹 어트리뷰션 로그와 앱 어트리뷰션 로그가 모두 남아있는 경우 기여도를 어떻게 판단해야 할까?

- 기여 이벤트가 여러 채널에서 발생하는 경우 어떤 어트리뷰션 모델에 따라 판단해야 할까? 퍼스트 클릭이나 라스트 클릭과 같은 싱글 채널 어트리뷰션 모델을 써야 할까, 아니면 선형이나 U자형 모델 등 멀티 터치 어트리뷰션 모델이 적합할까?

- 검색광고 UTM을 달고 유입된 사용자가 당일 회원 가입을 하지 않고 그다음 날 친구 초대 링크를 타고 다시 들어와서 가입했다면 이때 발생한 회원가입은 검색광고 기여로 봐야 할까, 친구 초대 기여로 봐야 할까?

- 검색광고 UTM이 달린 채로 들어왔는데, 랜딩 페이지에 노출되는 앱 설치 유도 팝업을 클릭하고 딥링크를 통해 앱을 설치하고 가입하는 경우 이 가입은 검색광고 기여도로 봐야 할까, 앱 설치를 유도한 디퍼드 딥링크의 성과로 봐야 할까?

- 마케팅 캠페인의 성과 판단 기준은 무엇이 돼야 할까? 광고수익률(ROAS, Return On Ads Spending)? 고객 획득 비용(CAC)? 결제당 단가? 광고수익률은 낮지만 고객 획득비용이 저렴한 캠페인은 유지해야 하나?

원칙을 복잡하게 고민하지 말고 '모든 채널에 적용할 수 있도록 어트리뷰션에 내한 공통 기준을 그냥 잡으면 되는 거 아닌가?'라고 생각할 수도 있다. 가령 클릭과 뷰를 비교하면 당연히 클릭이 중요한 행동이니까 클릭-스루에 대한 어트리뷰션 윈도우는 뷰-스루보다 길게 가져가는 게 합리적이지 않을까? 모든 채널에 공통적으로 클릭-스루는 7일의 어트리뷰션 윈

도우를 인정하고, 뷰-스루는 1일의 어트리뷰션만 인정한다는 기준을 정
하면 합리적이지 않을까? 이런 식으로 어트리뷰션 원칙을 정하면 문제가
될까?

결론부터 이야기하면 **채널 특성을 고려하지 않고 모든 채널에 일관된 기
준을 적용하는 것은 좋은 판단이 아니다.** 그림 3-28을 보자. 인스타그램
피드에는 햄버거 광고가 노출되고 있고, 뉴스 사이트에는 복권 광고가 노
출되고 있다. 사용자 A는 왼쪽 인스타그램에 노출된 햄버거 광고 영상을
끝까지 봤지만 클릭하지 않았고, 사용자 B는 오른쪽 뉴스 사이트의 복권
팝업 광고를 클릭했다고 가정하자. 이 두 사용자에 대해 개별 광고의 어트
리뷰션을 어떻게 판단하는 것이 합리적일까?

그림 3-28 광고 상품 예시

앞에서 언급한 대로 채널과 상관없이 클릭-스루는 7일의 어트리뷰션 윈도우를 인정하고, 뷰-스루는 1일의 어트리뷰션만 인정한다면, 사용자 A는 (광고를 클릭하지 않았으므로) 뷰-스루에 대한 1일 어트리뷰션만 인정하고, 사용자 B는 복권 광고에 대한 7일 어트리뷰션을 인정받게 된다. 이것이 합리적인 판단이라고 할 수 있을까? 오히려 햄버거 광고 영상을 끝까지 본 사용자 A는 광고주의 메시지를 충분히 전달받았을 가능성이 높고, 복권 광고를 클릭한 사용자 B는 구매 의도는 없었지만 광고 창을 닫다가 실수로 (혹은 우연히) 복권 광고를 클릭했다고 보는 편이 더 합리적이지 않을까? 이런 배경을 이해한다면 뷰-스루보다 클릭-스루가 더 의미 있는 행동이므로 모든 광고 매체에 대해 클릭-스루의 어트리뷰션 윈도우를 더 길게 인정해야 한다는 말에 쉽게 동의하기 어려울 것이다. 앞의 사례에서는 클릭하지 않았더라도 광고 영상을 끝까지 본 햄버거 광고가 더 강력한 기여를 했다고 보는 편이 자연스럽다.

이처럼 각 채널마다 노출되는 광고 영역의 크기, 지면의 형태, 타기팅 알고리즘, 사용자층이 모두 다르기 때문에 채널이 가진 특성을 고려하지 않은 채 무조건 일관된 기준으로 어트리뷰션 기준을 정하는 것은 적절하지 않다. 마케터가 대시보드에 나타난 수치만 보고 의사결정을 하다 보면 이런 부분을 놓치기 쉽다. **어트리뷰션을 잘 활용하기 위해서는 정량적으로 나타나는 수치 외에도 각 마케팅 채널이 어떤 지면을 가지고 있는지, 어떤 사용자층을 보유하고 있으며, 어떤 식으로 사용자를 타기팅하는지, 광고와 사용자의 인터랙션이 어떤 식으로 이뤄지는지 등 채널의 특성을 잘 이해하고 있어야 한다.** 이러한 이유로 아무리 데이터 분석 역량이 뛰어난 사람이더라도 광고 채널이나 지면에 대한 이해가 전혀 없다면 어트리뷰션 데이터를 제대로 분석하기 어렵다.

딥 링크(Deep Link)와 디퍼드 딥 링크(Deferred Deep Link)

어트리뷰션에 대한 이야기를 할 때 빼놓을 수 없는 것이 딥 링크(Deep Link)다. 딥 링크란 모바일 앱 안의 특정 화면(Activity)으로 이동하는 링크를 의미한다. 모바일 앱을 설치한 사용자들이 딥 링크를 클릭하면 웹 브라우저 대신 모바일 앱이 실행되면서 앱 내의 적합한 랜딩 페이지를 보여줄 수 있다. 이렇게 하면 로그인 등 번거로운 과정을 거치지 않을 수 있고, 사용자가 웹에서 앱으로 전환되는 과정에서의 맥락(context)이 잘 유지되기 때문에 랜딩 페이지에서의 전환율을 크게 향상시킬 수 있다는 장점이 있다. 다만 딥 링크는 링크를 클릭하는 사람의 휴대폰에 해당 앱이 설치돼 있을 때만 정상적으로 동작한다는 한계가 있다.

이러한 딥 링크의 단점을 보완한 기술이 디퍼드 딥 링크(Deferred Deep Link)다. 디퍼드 딥 링크는 모바일 앱 설치 유무와 상관없이 사용할 수 있는 딥 링크를 의미한다. 클릭하면 앱 내에 있는 특정 랜딩 페이지가 실행된다는 점은 일반적인 딥 링크와 동일하지만 디퍼드 딥 링크의 경우 앱이 설치되지 않은 사용자에게는 딥 링크의 실행을 앱 설치 이후로 지연시킴으로써 앱을 설치한 사람과 설치하지 않은 사람 모두에게 동일한 딥 링크 경험을 제공한다. 즉, 디퍼드 딥 링크의 경우 앱이 설치돼 있는 사람은 곧바로 해당 앱의 랜딩 페이지로 이동시키고, 앱이 설치돼 있지 않은 사람은 스토어로 이동해서 앱을 설치하게 한 후 앱을 실행하면 그때 미리 정의한 랜딩 페이지로 이동시킨다.

디퍼드 딥링크의 동작 프로세스

1. 디퍼드 딥링크를 클릭한다.
2. (앱이 설치되지 않은 경우) 앱스토어의 설치 화면으로 이동한다.
3. 설치가 완료되고 앱을 실행한다.
4. (앱의 첫 화면이 아니라) 미리 정의한 딥링크의 랜딩 페이지로 바로 이동한다.

그림 3-29 디퍼드 딥 링크

보통 디퍼드 딥 링크의 가치를 이야기할 때 가장 먼저 언급되는 장점은 '사용 맥락 유지'다. 디퍼드 딥 링크를 활용하면 사용 맥락이 유지된 채로 자연스럽게 앱으로 진입할 수 있기 때문에 사용자 경험(User Experience) 측면에서 뚜렷한 장점이 있다. 하지만 디퍼드 딥 링크의 중요한 가치가 하나 더 있다. 디퍼드 딥 링크를 활용하면 어트리뷰션을 측정할 수 있는 범위가 넓어진다는 점이다. 웹에서 UTM 파라미터를 활용하는 것과 유사하게 **딥 링크를 생성할 때 적절한 파라미터를 추가하면 어떤 채널에서 활용된 딥 링크를 통해 앱을 설치하고 사용했는지 측정할 수 있다.** 앱스플라이어이 원링크(Onelink), 브랜치의 디퍼드 딥 링크, 애드저스트의 트래커가 추가된 딥 링크 등 어트리뷰션 서비스들은 나름의 방식으로 디퍼드 딥 링크를 지원하며, 이 과정에서 필요한 파라미터를 추가해서 딥 링크의 성과를 모니터링하는 기능을 제공한다. 그림 3-30에 앱스플라이어에서 제공하는 원링크(디퍼드 딥 링크)의 설정 화면이 나와 있는데, 각 디퍼드 딥 링크를 생성할 때 소스, 캠페인, 채널 등의 파라미터를 자유롭게 설정할 수 있음을 확인할 수 있다.

사용자정의 미디어소스

crm_message ✓

캠페인 이름 ❶

summer_promotion ✓

리타겟팅 캠페인

기존 사용자를 리타겟팅하기 위해 이 링크를 사용합니다. ❶ ◯

어트리뷰션 파라미터

링크 URL에 파라미터를 추가하고 더 세밀한 분석 결과를 받아보세요 더 알아보기 ›

af_channel ⌄	kakaotalk ✓
af_adset ⌄	summer_sale_2030 ✓
af_ad ⌄	sale_50_percent ✓

파라미터 추가

그림 3-30 앱스플라이어 원링크 설정

어트리뷰션 관련해서 고려해야 할 이슈들

이상에서 설명한 바와 같이 고객 유치의 성과를 정확히 이해하려면 어트리뷰션에 대한 깊이 있는 이해가 필요하다. 마케팅 채널별 성과를 어떻게 판단할지, 이를 감안한 마케팅 전략은 어떻게 세워야 하는지와 같은 문제는 모두 어트리뷰션과 연결돼 있다.

어트리뷰션의 개념적 정의는 단순하지만(새로운 사용자가 유입됐을 때 어떤 채널의 기여도를 인정할 것인가?) 어트리뷰션을 잘 활용하려면 철학적인 측면과 기술적인 측면을 모두 챙겨야 한다. 앞서 설명한 바와 마찬가지로 각 서비스에 맞는 어트리뷰션 원칙을 잘 정의해야 하고, 상용 어트리뷰션 툴에 대한 기술적인 이해도도 높아야 한다. 실제로 앱스플라이어나 애드저스트 등의 어트리뷰션 분석 서비스를 사용할 때 단순히 SDK를 연동한 후 기본 대시보드에 표시되는 정보만 보는 것과 어트리뷰션 서비스에서 제공하는 다양한 기능을 깊이 있게 이해하고 잘 사용하는 것 사이에는 엄청난 간극이 있다. 어트리뷰션에 대한 깊이 있는 고민 없이 단순히 해당 툴에서 보여주는 대시보드 수치만 들여다보는 것으로는 의미 있는 인사이트를 찾아내기 어렵다. 어트리뷰션 서비스에서 제공하는 대시보드가 편리하긴 하지만, 그 숫자 이면에 있는 다양한 맥락 정보를 읽어낼 수 없다면 잘못된 의사결정으로 이어질 수 있다. 또한 앞서 언급한 것처럼 **어트리뷰션 자체는 정해진 정답이 없는 영역이기 때문에 나름의 주관과 철학을 바탕으로 서비스에서 활용할 어트리뷰션 기준을 세우는 과정이 꼭 필요하다.**

가령 많은 서비스들이 라스트 클릭 모델을 기본 어트리뷰션 모델로 사용하는데, 이 모델이 정말 최선인가에 대해서도 고민해 볼 필요가 있다. 마지막 클릭이 모든 어트리뷰션 가중치를 가져가는 게 합리적일까? 단순한 비유이긴 하지만 아르바이트생을 고용해서 전단지를 나눠주고 효과 측정을 하는데 새로 들어온 아르바이트생이 기계 1층 앞에 서서 가게로 들어오려는 손님에게만 전단지를 나눠주고 있다면 그 전단지를 들고 온 손님이 아무리 많더라도 새로운 아르바이트생이 손님을 잘 데려온다고 말할 수는 없을 것이다.

필요하다면 어트리뷰션 데이터를 로 데이터(raw data) 레벨로 받아서 확인하고 분석할 수도 있어야 한다. 어트리뷰션 데이터는 단독으로 보는 것보다 서비스에 직접 쌓이는 데이터와 결합해서 분석함으로써 훨씬 더 많은 인사이트를 얻을 수 있다. 가령 광고 성과 측정을 위해 ROAS(Return on Ads Spending)를 살펴볼 때 어트리뷰션 기간 안에 있는 7일 동안의 결제액만 보는 게 아니라 서비스 데이터를 기반으로 유저의 전체 활동 기간을 고려한 고객 생애 가치(Customer Lifetime Value)를 살펴본다면 훨씬 더 신뢰할 만한 분석 결과를 얻을 수 있을 것이다.

5) 고객 유치(Acquisition) 정리

지금까지 AARRR의 첫 번째 단계인 고객 유치와 관련한 다양한 이슈를 살펴봤다. 이 단계에서의 목표는 사용자의 유입 채널을 최대한 누락없이 정확하게 추적하고, 각 채널별 성과를 정확히 판단하는 것이라는 점을 기억하자.

페이팔(PayPal) 창업자이자 《제로 투 원》(한국경제신문사, 2014)의 저자로 알려진 피터 티엘(Peter Thiel)은 '사업이 실패하는 이유는 제대로 된 채널 하나를 확보하지 못하기 때문'이라고 이야기한 적이 있다. **많은 마케팅팀에서 빠지기 쉬운 함정 중 하나가, 고객 유치 성과가 정체된 것처럼 느껴질 때 기존 채널에 대한 최적화를 고민하기보다는 새로운 채널을 찾고 테스트하는 데 지나치게 많은 리소스를 쓰는 것이다.** 물론 기존에 놓치고 있던 채널 중 우리 서비스와 잘 맞는 곳이 있을 수도 있지만 무작정 새로운 채널을 추가한다고 해서 고객 유치 성과가 개선되는 것은 아니다. 채널을 계속 늘려가는 것은 관리해야 할 포인트도 함께 증가한다는 의미이

고, 새로운 채널의 특성을 공부하고 테스트를 진행하고 결과를 분석하는
일련의 과정은 비교적 많은 시간과 노력을 필요로 하는 일이다. 무엇보다,
새로운 채널을 찾는 것보다 기존 채널을 효율화하는 것이 더 좋은 결과를
가져오는 경우가 많다.

특히 스타트업이라면 단순히 많은 채널을 찾으려고 하기보다는 영향력
있는 소수의 채널을 찾아서 해당 채널의 효과를 극대화하는 것을 목표로
삼는 편이 훨씬 바람직하다. 많은 마케터들이 '예산 규모가 늘어나면' 새
로운 채널을 찾는다. 하지만 **채널 확장은 예산이 아니라 채널의 포화도
(Saturation)를 바탕으로 결정해야 한다.** 채널의 포화도를 판단하려면
우선 각 채널 운영이 충분히 최적화돼 있는지를 점검해야 한다.

즉, 채널을 확장하기 전에 다음의 두 가지 질문에 대해 모두 긍정적인 답
변을 할 수 있어야 한다. 또한 채널 확장과 예산 증액은 단계적으로 진행
해야 한다는 점을 기억하자.

- 기존 채널에서의 최적화가 충분히 잘 돼 있는가?
- 마케팅 예산이 커져서 기존 채널에서 모두 소화하기에는 비효율적인가?

마지막으로 앞서 강조했던 내용이지만 오가닉(Organic)과 미식별
(Unknown)을 혼동하지 않아야 한다. 이 구분이 명확하지 않으면 유입
채널을 정확히 식별하지 않을수록 오가닉 가입자기 느는 것 같은 착각에
빠질 수 있다. 고객 유치 성과 개선의 시작은 유입 채널을 최대한 누락 없
이 측정하는 것이다. UTM 파라미터나 어트리뷰션 파라미터가 없는 유입
은 오가닉이나 자연 유입이 아니라 '미식별' 트래픽으로 판단하고 최대한
이 비율을 줄이기 위해 노력해야 한다.

고객 유치와 관련된 업무를 할 때 빠지기 쉬운 함정 중 하나는 각 마케팅 채널의 관리자 화면이나 리포트에 지나치게 매몰되는 것이다. 입찰가를 100원 단위로 세세하게 조정하고, 광고 그룹을 더 세분화해서 테스팅하고, 소재의 문구를 바꾸는 실험을 반복한다면 마케팅 성과가 일부 개선될 수 있지만 본질적으로 고객 유치는 마케팅 채널의 관리자 화면에서 보이는 수치 몇 개를 개선하는 것으로 이뤄지지 않는다. 즉, 마케팅 팀의 목표가 단순히 페이스북 광고관리자 화면에서 보이는 ROAS를 20% 더 올리는 것이나 고객 획득 비용(CAC)을 1,000원 낮추는 것에 그쳐서는 안 된다.

고객 유치 과정에서 필요한 것은 숲과 나무를 함께 바라보는 것이다. 주요 광고 채널의 세세한 설정이나 기능을 다루는 것도 중요하지만 전체적인 관점에서 우리 서비스의 마케팅 데이터를 어떻게 통합해서 정리할지에 대한 고민이 함께 이뤄져야 한다. 더 크게는 우리 서비스의 핵심 가치가 무엇인지, 고객들은 어떤 특성을 가지고 있고 어떤 메시지를 통해 이들을 찾고 관계를 유지할 수 있는지에 대해서도 잘 알고 있어야 한다. 앞서 어트리뷰션 데이터의 측정과 판단을 강조했지만, 역설적으로 어트리뷰션을 모든 조건에서 완벽하게 측정한다는 것은 불가능하다. 어트리뷰션 대시보드에 보이는 숫자 하나하나에 연연하기보다는 한걸음 물러서서 넓은 시야를 가지고 데이터를 들여다볼 필요가 있다. **우리가 데이터를 통해 확인하려고 하는 것은 눈 앞에 있는 지표 몇 개가 아니라 '고객'에 대한 폭넓은 이해라는 점을 기억하자.**

3.3 활성화(Activation)

1) 활성화(Activation)의 기본 개념

고객 유치의 다음 단계는 활성화(Activation)다. 이 단계에서는 고객 유치를 통해 데려온 사용자가 우리 서비스의 핵심 가치를 경험하게 만드는 것이 중요한 포인트다. 서비스마다 다르겠지만 새롭게 가입한 사용자들이 온보딩(on-boarding) 프로세스를 성공적으로 마무리하는 비율은 일반적으로 높지 않다. 마찬가지로 구매 의도를 가진 사용자들이 구매 프로세스 도중 이탈하지 않고 마지막까지 전환되게 하는 것도 어려운 일이다. 이번 절에서는 어렵게 데려온 사용자들이 서비스에 잘 안착하고 도중에 이탈하거나 중도 포기하지 않게 하는 방법을 살펴보겠다.

활성화 단계의 핵심은 퍼널(Funnel)에 대한 분석이다. 사용자들이 서비스에 진입하고 나서 최종적인 핵심 기능을 사용하기까지의 여정을 도표로 나타내면 점점 그 숫자가 줄어드는 게 일반적인데, 그 모습이 깔대기와 비슷하다고 해서 퍼널(Funnel)이라는 용어를 사용한다. 퍼널 분석은 사용자들이 경험하는 단계를 도식화하고 각 단계의 전환율을 측정, 분석하는 과정으로 진행된다.

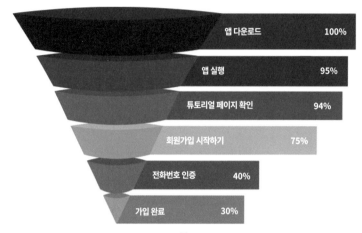

그림 3-31 회원가입 퍼널 예시(출처: Clevertap) [16]

퍼널 분석을 진행할 때는 다음과 같은 세 가지 요소를 고려해야 한다.

- 핵심 가치를 경험하는 시점과 그곳으로 연결되는 각 단계를 잘 정의했는가?
- 각 단계별 전환율을 어떤 기준으로 측정하는가?
- 코호트(Cohort)에 따른 퍼널별 전환율을 보고 있는가?

2) 퍼널의 세부 단계 정의하기

퍼널 분석을 위해 우선적으로 해야 할 일은 우리 서비스가 줄 수 있는 핵심 가치를 구체화하고 사용자들이 핵심 가치를 경험하는 정확한 순간을 정의하는 것이다. 핵심 가치를 지칭할 때 **아하 모먼트**(Aha moment), 또는 **머스트 해브**(Must have)라는 용어를 사용하기도 한다. 말 그대로 사용

---

16 https://clevertap.com/blog/funnel-analysis/

자가 우리 서비스를 이용하면서 목적했던 바를 달성하거나 기대를 충족하는 순간이라는 의미다. 이때의 핵심 가치는 서비스 제공자가 아니라 사용자 입장에서 정의해야 한다는 점에 주의하자. 데이팅 서비스를 통해 마음에 드는 이성과 연결에 성공했을 때, 사용자가 등록한 콘텐츠에 대한 추천 리뷰를 받았을 때, 정말 마음에 드는 제품을 찾아서 주문에 성공했을 때처럼 사용자가 우리 서비스의 가치를 온전히 경험할 수 있는 순간을 찾아내는 것이 중요하다. 때로는 회사가 생각하는 서비스의 핵심 가치와 사용자가 생각하는 핵심 가치가 서로 일치하지 않는 경우도 있다. 회사가 생각하는 가치와 사용자가 경험하는 가치가 일치하는지 확인하려면 서비스를 홍보하기 위해 주로 사용되는 마케팅 메시지와 사용자 리뷰 등에서 나오는 서비스에 대한 키워드가 일치하는지를 살펴보는 것도 도움이 된다.

이처럼 사용자가 핵심 가치를 경험하는 순간을 정의했다면 다음으로는 핵심 가치를 경험하는 지점까지 연결되는 세부적인 단계를 하나하나 정의하고 연결 경로를 도식화하는 과정이 필요하다. 이처럼 **서비스에 진입하는 순간부터 핵심 가치를 경험하기까지의 경로를 크리티컬 패스(Critical Path)라고 한다.** 핵심 가치와 크리티컬 패스를 잘 정리하고 나면 퍼널 분석을 위한 기본 준비는 끝난 셈이다.

3) 전환율 측정하기

퍼널 분석의 핵심은 각 단계별 전환율을 측정하는 것이다. 개념적으로 전환율은 전체 중 전환된 비율을 구하는 식으로 간단하게 계산할 수 있다. 하지만 실제 전환율 측정은 그렇게 간단하지 않다.

'상품 페이지 → 결제'로 이어지는 단계에서의 전환율을 측정한다고 생각
해 보자. 한 사용자가 들어와서 총 다섯 개의 상품 페이지를 보고 마지막
상품 페이지에서 결제했다면 전환율은 얼마일까? 똑같이 다섯 개의 상품
페이지를 봤지만 결제하지 않고 이탈한 사용자가 있다면 전환율은 얼마일
까? 첫 번째 사용자의 결제 전환율은 20%이고, 두 번째 사용자의 결제 전
환율은 0%라고 볼 수 있을까? 여기까지는 별로 논란의 여지가 없는 것 같
다. 다음 사례를 조금 더 살펴보자.

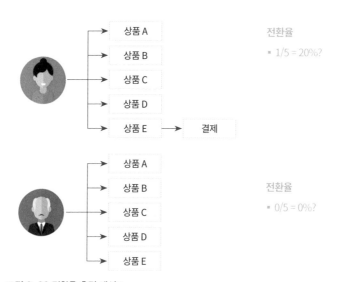

그림 3-32 전환율 측정 예시 1

세 번째 사용자는 상품 A의 페이지만 다섯 번 접속했고, 맨 마지막에 결제
했다. 이 경우 결제 전환율은 어떻게 구해야 할까? 총 5번 상품 페이지를
봤지만 결제는 1번 진행했으니 20%라고 해야 할까, 아니면 동일한 상품
하나의 페이지만 보고 결국은 그 상품에서 결제까지 전환됐으니 100%라
고 해야 할까?

마지막 케이스는 조금 더 복잡하다. 3개의 상품에 대해서 총 5번에 걸쳐 상품 페이지에 접속했고, 그중 하나의 상품을 두 번 결제했다면 이때는 결제 전환율을 어떻게 계산할 수 있을까?

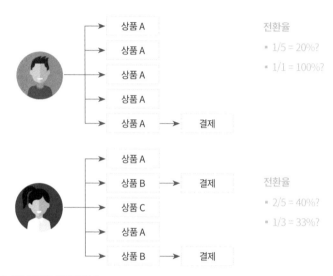

그림 3-33 전환율 측정 예시 2

아직 끝나지 않았다. 일반적으로 결제 전환율이라는 개념은 사용자 단위로 한 명 한 명 따로 계산하기보다는 전체 서비스 단위로 하나의 요약된 값으로 이야기하는 게 보통이다. 만약 우리 서비스에 총 4명의 사용자가 있고, 상품 페이지와 결제 전환에 대한 행동이 다음 그림과 같이 나타났다면 우리 서비스의 결제 전환율은 얼마라고 볼 수 있을까?

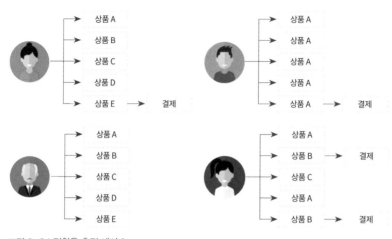

그림 3-34 전환율 측정 예시 3

- **1안)** 총 20회의 상품 페이지 조회가 발생했고, 결제가 4번 이뤄졌으니 4/20 = 20%

- **2안)** 중복을 제거하고, 총 14개의 상품이 조회됐는데 3개의 상품이 결제됐으니 3/14 = 21%

- **3안)** 총 4명의 사용자 중 3명이 결제를 했으니 3/4 = 75%

위 세 가지 안 중에서 서비스의 결제 전환율로 사용할 수 있는 대푯값으로 는 무엇이 가장 적절할까? 사실 지표라는 건 정해진 답이 있는 게 아니라 합의된 기준에 따라 사용되는 것이므로 정답이 있는 문제는 아니라고 할 수 있다. 그렇다면 질문을 바꿔서, 트래픽을 기준으로 전환율을 살펴보는 것과 사용자를 기준으로 전환율을 살펴보는 것 사이에는 어떤 차이점이 있을까? 다음 예시를 통해 그 차이를 확인해 보자.

상품 페이지에 쿠폰에 대한 정보가 있지만 거기서 쿠폰을 바로 다운로드 받을 수는 없고 링크를 클릭해서 쿠폰 페이지로 이동한 다음, 쿠폰을 받고 다시 상세 페이지로 넘어와서 결제해야 하는 (불편한) 서비스가 있다고 가정해 보자. 이 서비스의 결제 전환율을 확인하려고 한다.

- **사용자1**: 상품 페이지 → 쿠폰 페이지 → 상품 페이지 → 결제 완료
- **사용자2**: 상품 페이지 → 쿠폰 페이지 → 상품 페이지 → 결제 완료
- **사용자3**: 상품 페이지 → 쿠폰 페이지 → 상품 페이지 → 결제 완료
- **사용자4**: 상품 페이지 → 쿠폰 페이지 → 상품 페이지 → 결제 완료
- **사용자5**: 상품 페이지 → 쿠폰 페이지 → 이탈

위와 같은 사용자 행동이 기록돼 있다면 전환율을 어떻게 계산할 수 있을까?

- 트래픽(pageview)을 기준으로 한 전환율은 4/9 = 44%다. 상품 페이지는 총 9번 노출됐고, 결제 완료 페이지는 4번 노출됐기 때문이다.
- 사용자(user)를 기준으로 한 전환율은 4/5 = 80%다. 총 5명의 사용자가 상품 페이지에 진입했는데, 최종적으로 결제 완료까지 전환된 사용자는 4명이기 때문이다.

이 결과를 트래픽 기준으로 해석해 보자.

트래픽 기준의 결제 전환율은 44%다. 상품 페이지에서 결제로 바로 넘어가기 전에 거쳐야 하는 다른 페이지가 있어서 직접 전환되는 비율이 떨어진다. 쿠폰 페이지에 가기 위해 상품 페이지를 이탈하는 건 어쨌든 좋지 않은 방식이니, UI 개선을 통해 결제 동선상에서의 이탈을 최대한 줄일 필요가 있다.

같은 결과를 사용자 기준으로 해석하면 어떻게 될까?

> 사용자를 기준으로 한 결제 전환율은 80%다. 상품 페이지에서의 결제 동선이 이렇게 불편함에도 불구하고, 많은 사용자가 쿠폰 발급 후 다시 상품 페이지로 와서 결제를 완료한다. 상품의 매력도가 높고, 전체적인 전환율이 좋다고 볼 수 있다. 물론 사용자를 기준으로 보면 전환율이 좋지만 결제 프로세스가 훌륭하다고 할 수는 없다. 결제 프로세스를 개선하면 전체 전환율은 더 좋아질 수도 있을 것 같다.

앞에서 살펴본 것과 같이 일반적으로 **트래픽을 기준으로 한 전환율을 살펴보는 것은 UX/UI 측면에서의 개선점을 찾는 데 도움이 된다. 이에 반해 사용자를 기준으로 한 전환율은 UX/UI를 포함한 다양한 요소(상품의 매력도나 가격 등)의 영향력이 종합적으로 반영되는 지표라고 할 수 있다.** 개인적으로는 종합적인 성과 판단을 위한 지표라면 사용자 기준의 전환율을 살펴보는 것을 추천하는 편이다. 반면 UI/UX 리디자인(Re-design) 등 특정 시나리오에서의 사용성 개선을 목적으로 한다면 트래픽을 기준으로 한 전환율을 살펴보는 게 더 적합할 수도 있다.

4) 코호트(Cohort)별 전환율 쪼개보기

주요 퍼널에 대한 전환율 지표는 그 자체로 중요한 의미를 가진다. 예를 들면, 상품 페이지에서 결제까지의 전환율을 측정하고 개선하는 것은 매출에 직접적인 영향을 줄 수 있다. 하지만 전체 사용자들을 대상으로 한 주요 단계별 전환율을 살펴보는 것만으로는 발견할 수 있는 인사이트가 제한적이고, 전환율을 개선하기도 어렵다. 전환율 지표는 전체 사용자를 대상으로 확인할 때보다 여러 그룹으로 쪼개서 볼 때 훨씬 더 강력한 의미를 지닌다. 예를 들면, '우리 서비스 사용자들의 평균 결제 전환율은 50%다'라는 데이터보다는 '페이스북 광고를 통해 가입한 사용자의 결제 전환율은 40%고, 친구 초대를 통해 가입한 사용자의 결제 전환율은 60%다'라는 식으로 그룹별 전환율을 비교할 때 훨씬 더 큰 인사이트를 얻을 수 있고, 명확한 개선 아이템을 제안할 수 있다. 이처럼 공통적인 특성에 따라 여러 집단으로 분류한 사용자 그룹을 코호트(Cohort)라고 한다.

코호트별로 전환율을 쪼개서 살펴보면 각 퍼널에 영향을 미치는 선행지표를 발견하기 쉬워진다. 가령 앞의 예시에서는 '가입 방법'이라는 선행지표가 결제 전환율에 영향을 미치는 것으로 볼 수 있다. **퍼널 분석의 진정한 가치는 주요 퍼널에서의 단편적인 전환율을 계산하는 데 있는 것이 아니라 전환율에 영향을 미치는 유의미한 선행지표를 발견하는 데 있다.** 페이스북 광고를 통해 가입한 사용자의 결제 전환율이 구글 광고를 통해 들어온 사용자의 결제 전환율보다 크게 낮다면 광고의 타기팅을 수정한다거나 광고를 통해 들어온 사용자만 사용할 수 있는 쿠폰을 제공하는 등의 여러 가지 후속 조치를 시도해 볼 수 있을 것이다.

가입 방법을 예시로 들긴 했지만 꼭 그것만 생각할 필요는 없다. 생각하기에 따라서 엄청나게 많은 코호트를 만들어 볼 수 있다. 결제 전환율에 대한 퍼널을 살펴본다고 할 때 다음과 같이 다양한 형태로 코호트를 만들어서 전환율을 비교해 보면 서비스 개선 방향이나 핵심 유저 타기팅, 마케팅 채널 운영전략 등 다양한 주제에 대한 인사이트를 얻을 수 있을 것이다.

- 가입 시점에 따라 결제 전환율에 차이가 있는가?
- utm_source, utm_medium, utm_campaign에 따라 결제 전환율에 차이가 있는가?

- 특정 이벤트 경험 유무에 따라 결제 전환율에 차이가 있는가?
- 시간이나 요일, 계절이나 날씨 등 외부 변수에 따라 결제 전환율에 차이가 있는가?
- 사용자의 성별이나 나이 등 인구통계학적 정보에 따라 결제 전환율에 차이가 있는가?

여기서 끝이 아니다. 데이터를 기반으로 전환율 추이를 깊이 있게 확인할 수 있다면 여기서 한 걸음 더 나아갈 수 있다. A 코호트와 B 코호트가 전환율이 다르다는 점을 단순히 확인하는 게 아니라 거꾸로 전환율에 차이를 만드는 코호트를 먼저 찾을 수 있다면 어떨까? 코호트와 전환율에 대해 깊이 있게 데이터를 살펴보다 보면 결국 '**전환된 사용자와 전환되지 않은 사용자는 무엇이 다른가?**'라는 질문과 마주한다. 사실 이 질문이야말로 활성화 단계에서 가장 핵심이 되는 질문이다. 전환에 영향을 주고 있는 코호트를 발견할 수 있다면 전환율을 높이기 위한 구체적인 액션을 하기가 훨씬 수월해진다.

5) 퍼널의 전환율을 높이는 방법

어떻게 하면 핵심 사용 경험으로 이르는 전환율을 높일 수 있을까? 서비스의 종류나 퍼널의 형태, 그리고 앞서 언급한 코호트 등 다양한 변수들이 영향을 미치기 때문에 모든 경우에 적용할 수 있는 정답이 있다고 말하기는 어렵다. 일반적으로 전환율을 높이는 데 사용되는 효율적인 방법 몇 가지를 소개하면 다음과 같다.

개인화

서비스의 주요 화면들을 개인화해서 사용자 개개인의 맥락에 맞는 정보를 보여준다면 전환율을 높일 수 있다. 굉장히 사소하게는 사용자들의 이름을 명시하는 것부터(이메일이나 푸시 메시지에 이름을 포함하는 것만으로도 오픈율이 크게 좋아진다) 사용자 개개인의 서비스 사용 내역을 참고한 데이터를 보여주는 것(최근에 본 상품이나 비슷한 상품을 본 사람들이 구입한 상품) 등을 예로 들 수 있다.

특히 추천 영역은 개인화의 효과를 크게 볼 수 있는 부분이다. 최근에는 머신러닝을 활용한 모델링 기법이 발달함에 따라 다양한 영역에서 이러한 개인화 추천이 활용되고 있다. 물론 효과적인 추천 알고리즘을 위해서는 많은 데이터와 모델링에 대한 지식이 충분한 데이터 사이언티스트가 필요하므로 단기간에 이러한 추천 시스템을 구축하기는 어렵다. 하지만 개인화 추천이라고 해서 반드시 처음부터 고도화된 알고리즘이 필요한 것은 아니다. 규칙 기반 추천(Rule-Based Recommendation)도 초기에는 비교적 잘 동작하기 때문에 기존 데이터를 확인한 후 간단한 추천 규칙을 정리해서 개인화를 시작하는 것으로도 초기에는 큰 효과를 볼 수 있다.

UI/UX(User Interface/User Experience) 개선

주요 화면의 디자인을 변경하거나 구성요소를 바꾸는 것은 전환율을 변화시키는 대표적인 방법이다. '증가'가 아니라 '변화'라는 용어를 사용했다는 점에 주목해야 한다. 디자인 변경은 전환율을 개선하는 경우도 있지만 반대로 전환율을 더 나쁘게 만들기도 한다. UI/UX 개선 프로젝트를 할 때 새로운 화면이 항상 더 좋다는 근거 없는 낙관을 가져서는 안 된다. (다시한번 강조하지만 사용자들의 선택을 받기 전까지는 '개선'일지 '개악'일지 모른다.)

따라서 디자인이 큰 폭으로 변경된다면 반드시 변경 전과 변경 후의 효과
를 면밀하게 측정하고 검증해야 한다. 이때 주의해야 할 점은 디자인 변경
초기에는 사용자들이 익숙하지 않은 화면을 봐야 하기 때문에 일정 기간
지표가 낮아지는 게 자연스러울 수 있다는 점이다. 긍정적인 변화였다면
일정한 시간이 흐른 뒤 빠르게 지표가 안정화되고 좋아지지만 그렇지 않
은 경우 전환율이 회복되지 않거나 정체되는 모습을 보인다. 변경 전후
의 효과 측정에 대한 상세한 내용은 5장에서 설명할 A/B 테스트 절을 참
고하자.

적절한 개입

흔히 CRM(Customer Relationship Management) 채널이라고 알려진 이
메일, 푸시, 인앱 메시지 등을 적절히 활용하면 주요 단계의 전환율을 높
일 수 있다. 장바구니에 상품을 넣어두고 결제하지 않은 사용자에게 푸시
알림을 보내거나, 회원 가입 후 활동하지 않는 사용자에게 일정 기간 사용
가능한 쿠폰을 문자 메시지로 발송하는 것 등을 예로 들 수 있다. 여기서
주의해야 할 점은 메시지를 발송하는 맥락(context)에 따라 효과가 극적
으로 달라질 수 있다는 점이다. 맥락을 잘 반영한 메시지는 굉장한 효과를
볼 수 있지만 잘못 사용된 메시지는 사용자를 떠나보내는 양날의 검이 되
기도 한다. 개인적인 경험에 따르면 타기팅이 잘 된 푸시나 이메일의 경우
논타기팅(non-targeting)으로 보내는 메시지 대비 일반적으로 5배 이상
의 성과 차이가 있었다. 논타기팅 메시지를 보냈을 때 회원 탈퇴나 앱 삭
제 등의 부작용이 크다는 점을 고려하면 맥락을 잘 반영한 메시지는 10배
이상의 성과를 만든다고 해도 과언이 아니다. 푸시와 이메일 발송 비용이
저렴하다고 해서 마구잡이로 남발해서는 안 된다. 전체 회원을 대상으로

보내는 논타기팅 푸시나 이메일은 굉장히 보수적으로 판단하고 보내야 한다는 점을 기억하자.

6) 활성화(Activation) 정리

이상으로 AARRR의 두 번째 단계인 활성화에 대해 살펴봤다. 고객 유치 단계는 마케팅 비용을 투입하는 방식으로 속도를 높일 수 있지만(물론 효율을 고려하지 않은 마케팅 예산 증액이라면 바람직하다고 볼 수는 없다) 활성화 단계부터는 온전히 돈이 아닌 실력으로 헤쳐나가야 한다. 핵심 가치를 정의하고, 단계별 퍼널을 정의하고, 코호트 기반으로 쪼개서 보는 각 단계를 충실하게 진행하는 것 외에 쉽게 갈 수 있는 지름길은 없다는 점을 기억하자.

퍼널을 정의하고 전환율을 분석할 때 주의해야 할 점이 몇 가지 있다. 우선 퍼널의 최적화가 단순히 각 단계별 전환율을 높이는 것은 아니라는 점이다. 실제 퍼널 개선을 하다 보면 **전환율을 높이는 것보다 퍼널에 속한 각 단계의 수를 줄이는 것이 더 효과적인 경우가 많다.** 예를 들면, 전환율 50%인 5개의 단계로 이뤄진 퍼널보다 전환율 20%인 2개의 단계로 이뤄진 퍼널이 최종 전환율은 더 높다. 이러한 점을 고려한다면 개별 단계의 전환율 하나하나를 살펴보기에 앞서 서비스 전체 관점에서 필요 없는 단계를 없애거나 통합하는 과정이 반드시 필요하다.

퍼널에 속한 단계의 수를 줄이는 것에서 한 걸음 더 나아가볼 수 있을까? 때로는 존재하는 퍼널을 개선하는 것이 아니라 아예 **퍼널 자체를 재설계하는 것도 새로운 대안이 될 수 있다.** 온라인 안경 판매 서비스인 와비 파커(Warby Parker)[17]는 '주문 → 결제 → 배송'이라는 일반적인 퍼널을 따르지 않고 '주문 → 배송 → 결제'라는 독창적인 퍼널을 제시해 구매 전환율을 극적으로 상승시키는 비즈니스 모델을 만들었다. (와비 파커에서는 주문을 하면 우선 샘플을 배송받고, 실제로 착용해 본 후에 마음에 들면 그제서야 시력 정보를 입력해서 해당 샘플의 새 제품을 받을 수 있게 돼 있다. 당연히 샘플은 무료 반송이 가능하다.) 익숙한 퍼널의 순서를 일부 조정함으로써 소비자들로 하여금 전환으로 넘어가는 심리적인 부담을 크게 낮춰서 효과적인 활성화를 이끌어 낸 사례라고 할 수 있다.

많은 사람들이 퍼널 분석을 간단하고 쉬운 일이라고 생각하지만 의외로 잘 쪼개어진 퍼널을 코호트별로 분석할 수 있는 환경을 갖춘 서비스는 많지 않다. 결제하기 버튼을 클릭하고 나서 결제를 완료하기 까지의 단조로운(?) 퍼널을 쪼개서 보기 시작하면 놀라울 만큼 다채로운 정보로 가득 차 있는 것을 발견할 것이다.

높은 활성화 지표는 이후 설명할 리텐션(Retention)의 든든한 바탕이 된다. 애초에 사용자가 우리 서비스의 핵심 가치를 제대로 경험하지 못했다면 이후에 그 어떤 수단을 쓰더라도 원하는 수준의 리텐션을 기대하기는 어렵기 때문이다. 활성화는 우리 서비스의 기본을 끊임없이 되새기게 만드는 단계다.

---

17 https://www.warbyparker.com/

3.4 | 리텐션(Retention)

1) 리텐션(Retention)의 기본 개념

활성화의 다음 단계는 리텐션(Retention)이다('유지율'이라고 부르기도 한다). 이 단계에서는 활성화 과정을 통해 경험한 핵심 가치를 꾸준히 경험하게 하고, 그 수준을 측정할 수 있는 지표를 정의하고 관리해야 한다. 앞서 제품-시장 적합성(PMF)을 논의한 부분에서도 언급했지만 리텐션은 서비스의 성공을 예측할 수 있는 가장 기본적이면서도 중요한 지표다. 리텐션이 좋지 않은 서비스라고 하더라도 고객 유치나 활성화 지표가 나쁘지 않다면 어느 정도까지는 성장 곡선을 그릴 수 있다. (정확히 이야기하면 성장하는 것처럼 착각할 수 있다.) 하지만 리텐션이 잘 관리되지 않는 서비스는 꾸준히 상승하던 지표가 갑자기 한 순간에 나빠지기도 한다. 또한 문제를 깨달은 시점에 뭔가를 바꾸기에는 너무 늦은 경우가 대부분이다. 리텐션은 아주 어렵게 개선하더라도 그 효과가 한참 뒤에나 나타나는 지표다. 다른 지표도 마찬가지지만 **리텐션은 대표적으로 잘 하고 있을 때일수록 더 세심하게 측정하고 관리해야 하는 지표에 속한다.**

리텐션은 일반적으로 접속을 기준으로 측정한다. 하지만 **리텐션의 기준이 되는 행동을 꼭 접속으로 한정할 필요는 없다. 일반적으로 접속이나 로그인을 기준으로 리텐션을 측정하는 이유는 사용자가 서비스에 진입하는 것이 유의미한 행동이며, 이러한 행동이 반복되는지 살펴보는 것이 중요하기 때문이다.** 서비스에 따라 다르겠지만 꼭 접속이 아니더라도 다음과 같은 주요 이벤트는 시간의 흐름에 따라 반복 여부를 살펴보는 것이 의미가 있다.

- 상품 페이지 5개 이상 방문

- 구매하기 클릭

- 구매 완료

- 재구매

- 친구 초대

- 메시지 주고받기

- 콘텐츠 시청

리텐션은 AARRR 중에서도 특히나 개선이 어려운 영역으로 꼽힌다. 단편적인 기능이나 단계를 개선하는 것으로는 리텐션을 변화시키기 어렵기 때문이다. 리텐션을 개선하려면 사용자 경험 전반에 걸친 세심한 분석과 개선이 필요하다. 또한 리텐션의 변화는 비교적 오랜 기간에 걸쳐 서서히 나타나기 때문에 어떤 개선이나 변경이 효과가 있었더라도 결과를 확인하는 데는 오랜 시간이 필요하다는 점도 유의해야 한다. 리텐션은 그만큼 개선하기 어려운 지표지만, 반대로 리텐션을 일정 수준 개선할 수 있다면 장기적으로 엄청나게 큰 효과를 볼 수 있다. 리텐션은 대표적으로 복리 효과를 가져오는 지표이기 때문이다.

2) 리텐션을 측정하는 세 가지 방법

리텐션을 측정하는 하나의 절대적인 방법이 있는 것은 아니다. 서비스의 특성이나 사용 환경에 따라 리텐션은 다양한 기준으로 측정할 수 있으며, 일반적으로는 다음의 세 가지 방법이 널리 활용된다.

클래식 리텐션(Classic Retention)

클래식 리텐션은 가장 일반적인 유지율 계산 방법이다. 특정일에 이벤트를 발생시킨 유저의 비율을 계산하는 방식이기 때문에 'Day N 리텐션'이라고도 한다. 클래식 리텐션은 측정하고자 하는 이벤트가 처음 발생한 날짜를 기준으로, 하루하루 시간이 지남에 따라 몇 명이 해당 이벤트를 반복했는지를 집계하는 방식으로 리텐션을 계산한다. 접속을 기준으로 클래식 리텐션을 측정하는 경우라면 처음 접속해서 서비스를 사용한 날짜를 기준으로 시간의 흐름에 따라 날짜별로 몇 명이 접속했는지를 체크하는 방식으로 클래식 리텐션을 살펴볼 수 있다. 이때 날짜별로 유저가 접속했는지 여부는 독립적으로 계산한다. 즉, 6일째에는 들어오지 않았더라도 7일째에 들어왔다면 Day 7 리텐션을 계산할 때 포함한다. 클래식 리텐션의 계산 방법은 다음과 같이 비교적 간단하다.

> 클래식 리텐션 = Day N에 서비스를 이용한 사람 / Day 0에 처음 서비스를 이용한 사람

가령 10명의 사용자가 같은 날 처음으로 서비스를 이용하기 시작했고, 그 다음날부터의 접속 로그가 그림 3-35와 같다고 하자.

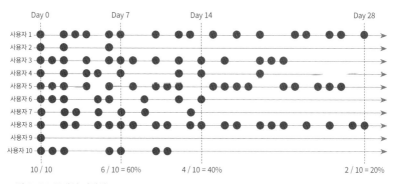

그림 3-35 클래식 리텐션

7일째 되는 날에는 10명 중 6명이 접속했으므로 6/10 = 60%가 Day 7 리텐션이 된다. 같은 방식으로 Day 14 리텐션은 40%, Day 28 리텐션은 20%임을 알 수 있다. 클래식 리텐션은 특정일에 접속했는지 여부는 고려하지만 그때까지 꾸준히 반복적으로 들어왔는지 여부는 고려하지 않는다. (위 예시에서 5번 사용자의 경우 비교적 꾸준히 접속해서 사용하는 패턴을 보이지만 7일과 14일 째는 접속하지 않았기 때문에 해당일을 기준으로 한 클래식 리텐션을 계산할 때는 포함되지 않는다.)

다른 부연 설명 없이 '유지율'이나 '리텐션'이라는 용어를 사용한다면 이는 클래식 리텐션을 의미하는 경우가 많다. 클래식 리텐션은 개념을 설명하기 쉽고 간단히 계산할 수 있다는 장점이 있다. 반면 특정일의 노이즈에 민감하고 일 단위의 로그인 데이터를 모두 확보하고 있어야 계산할 수 있다는 단점도 있다. 앞에서 본 5번 사용자의 사례처럼 평소에 잘 접속하다가 리텐션을 측정하는 특정일에 미접속하는 경우 리텐션 집계에 포함되지 않는다거나 반대로 거의 접속하지 않다가 우연히 특정일에 접속했는데 그날을 기준으로 하는 리텐션 집계에 포함되는 사례가 발생할 수 있다. 일반적으로 클래식 리텐션은 매일 접속해서 사용할 것으로 기대되는 서비스에서 활용하기에 적절한 지표다. 짧은 주기로 반복적으로 사용하는 것이 보편적인 전화나 메신저, SNS 같은 서비스가 여기에 해당한다. 클래식 리텐션에서 노이즈를 줄이려면 기준일을 여러 개 두고 각 기준일에 따른 Day N 리텐션을 각각 측정한 후 이 값의 평균을 계산해서 N일 기준의 리텐션 지표를 구하는 방법을 사용할 수 있다.

범위 리텐션(Range Retention)

범위 리텐션은 특정 기간에 이벤트를 발생시킨 유저의 비율을 계산하는
방식으로 리텐션을 측정한다. 클래식 리텐션과 기본적으로 동일하지만 개
별 날짜가 아닌 특정 기간(예를 들면 7일이나 1개월)을 기준으로 한다는
차이가 있다. 마찬가지로 접속을 기준으로 생각해 보면 그림 3-36과 같
이 특정 기간 범위 내에 접속했는지 여부를 바탕으로 리텐션을 계산하는
형태다. 기간 내 접속한 횟수는 고려하지 않으며, 1번 이상의 접속 기록이
있으면 해당 기간에는 접속한 것으로 인정한다.

> 범위 리텐션 = Range N에 서비스를 이용한 사람 / Range 0에 처음 서비스를 이용한 사람

그림 3-36과 같은 접속 로그가 있다고 가정하고, 1주일을 기준으로 한 범
위 리텐션을 계산해 보자. 기준이 되는 날짜 기준으로 첫 번째 기간에는 8
명의 접속 기록이 있다(8/10 = 80%). 두 번째 기간에는 하루 이상 접속
한 사람이 6명(6/10 = 60%), 세 번째 기간에는 4명으로 집계된다(4/10 =
40%).

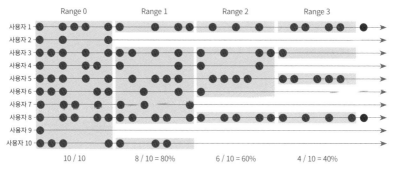

그림 3-36 범위 리텐션

범위 리텐션은 상당 부분 클래식 리텐션과 유사한데, 무엇보다 설명하기 쉽고 직관적이라는 장점이 있다. 또한 클래식 리텐션 대비 측정일에 따른 노이즈(Day-to-Day Noise)가 크지 않다는 장점이 있다. 즉, 일정한 기간의 접속 여부를 고려하기 때문에 우연히 하루 정도 접속하지 않았다고 해서 리텐션에 영향을 주지 않는다. 다만 기준이 되는 기간이 길어질수록 리텐션이 과대 추정(Over-estimated)될 수 있다는 문제가 있고, 의미 있는 결과를 보기 위해서는 어느 정도 기간이 축적돼야 하기 때문에 리텐션 트렌드를 확인하는 데 비교적 오랜 시간이 필요하다는 단점이 있다. 범위 리텐션은 클래식 리텐션에 비해 사용 주기가 길고 주기적인 서비스에서 많이 활용된다. 굳이 매일 접속하지 않더라도 일정 간격으로 꾸준히 사용하는 가계부나 음식배달 서비스 등이 범위 리텐션을 활용하기에 적합하다.

롤링 리텐션(Rolling Retention)

마지막으로 소개할 롤링 리텐션(Rolling Retention)은 앞의 두 가지 방식과는 다른 관점으로 리텐션을 계산한다. 클래식 리텐션과 범위 리텐션은 공통적으로 '최초에 이벤트가 발생한 이후 시간이 지남에 따라 얼마나 반복적으로 해당 이벤트가 발생하는가?'를 기반으로 리텐션을 계산한다. 반면 **롤링 리텐션은 '더 이상 해당 이벤트가 발생하지 않는 비율은 얼마인가?'를 살펴봄으로써 리텐션을 계산하는 방식이다.** 접속을 기준으로 클래식 리텐션과 범위 리텐션을 측정할 때는 '몇 명이 돌아왔는가?'에 초점을 맞추지만 롤링 리텐션을 측정할 때는 '몇 명이 나갔는가?'에 초점을 맞춘다. 즉, 특정일 기준으로 남아있는 유저를 세는 게 아니라, 반대로 떠나버린 유저를 집계해서 리텐션을 계산한다.

롤링 리텐션 = After N day에 서비스를 이용한 유저 / Day 0에 처음 서비스를 이용한 유저

롤링 리텐션을 쉽게 이해하는 방법은 '마지막 로그인 날짜'를 활용해 리텐션을 계산한다고 생각하는 것이다. 그림 3-37에서 7일째 되는 날을 기준으로 사용자들의 접속 기록을 살펴보자.

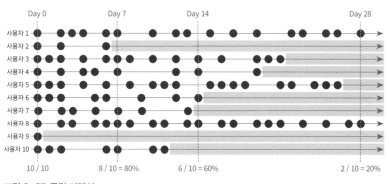

그림 3-37 롤링 리텐션

마지막 로그인 날짜가 7일째 되는 날보다 먼저인 사용자는 총 2명이다(2번 사용자, 9번 사용자). 즉, 이 두 명의 사용자들은 7일 이전에 이탈한 것으로 간주되고 7일 기준으로 활성 사용자에 포함되지 않는다. 이에 따라 7일 롤링 리텐션은 8/10 = 80%라고 계산할 수 있다. 같은 방식으로 14일 롤링 리텐션의 경우 마지막 접속일이 그 이전인 2번 사용자, 7번 사용자, 9번 사용자, 10번 사용자는 활성 사용자에 포함되지 않는다. 따라서 6/10 = 60%가 14일 롤링 리텐션 지표가 된다.

롤링 리텐션은 앞에서 설명한 클래식 리텐션이나 기간 리텐션과 달리 최초 로그인 시점과 마지막 로그인 시점에 대한 데이터만 있으면 계산할 수 있다. 따라서 계산에 필요한 데이터가 간단하고 계산 자체도 쉽고 간편하

다는 장점이 있다. (클래식 리텐션이나 기간 리텐션의 경우에는 모든 로그인 시점에 대한 기록이 필요하다.)

하지만 단 한 번이라도 로그인하는 경우 그 이전까지의 모든 기간을 활동한 기간으로 인정한다는 특성 때문에 유지율이 과대 추정되는 경향이 강하게 나타나므로 동일한 맥락에서 이상치의 영향을 매우 크게 받는다는 특성이 있다. 가령 1년 만에 우연히 한번 접속한 사용자가 있다고 가정해보자. 롤링 리텐션 기준으로 계산하면 이 사용자는 지난 1년간 꾸준히 접속해서 활동했던 사용자와 동일한 그룹으로 계산된다. 롤링 리텐션의 또다른 문제는 리텐션 수치 자체가 계속 변한다는 점이다. 앞의 예시에서 7일 롤링 리텐션을 80%라고 계산했는데 만약 9번 사용자가 1년 후 어느날 서비스에 접속하게 되면 어떻게 될까? 그 순간 7-Day 롤링 리텐션은 80%가 아닌 90%로 바뀌게 된다. 9번 사용자가 이탈한 것으로 판단되는 시점이 달라지기 때문이다. 그렇다면 7일 롤링 리텐션 값을 언제 최종적으로 알 수 있을까? 충분한 기간 후에 계산한 값이라고 해도 이후에 언제든지 달라질 수 있기 때문에 이 질문의 답은 '알 수 없다'이다. 이런 식으로 사용자들의 이후 접속 패턴에 따라 기존에 계산했던 리텐션 값이 얼마든지 달라질 수 있다는 점은 롤링 리텐션의 고유한 특징이라고 할 수 있다. 이러한 점을 고려해서 롤링 리텐션을 활용할 때는 절대적인 수치보다 지표의 움직임 추이에 초점을 맞춰 활용하는 것이 좋다.

일반적으로 롤링 리텐션은 사용 빈도가 높지 않은 서비스에서 유용하게 활용된다. 의류 쇼핑 서비스(단골 쇼핑몰이라고 해도 사람들이 매일 옷을 사지는 않는다), 여행 서비스(여행 마니아라고 해도 매일 항공권을 예약하지는 않는다) 등 사용자의 리텐션을 측정하고 관리해야 하지만 접속/사용

빈도가 드물게 나타나는 서비스라면 유지율을 관리하는 데 롤링 리텐션이
유용하게 활용될 수 있다.

약식으로 보는 리텐션 지표, 인게이지먼트(Engagement)

접속일자를 따져가면서 복잡하게 계산하지 않더라도 간단한 계산을 통해
서비스의 리텐션 수준을 가늠하는 방법이 있다. DAU(Daily Active User)
를 MAU(Monthly Active User)로 나눠서 인게이지먼트(Engagement) 지
표를 구하는 것이다.

Engagement = DAU/MAU

인게이지먼트 지표는 매일 동일한 사용자가 반복적으로 들어오는지 혹은
날마다 새로운 사용자가 들어오는지를 빠르게 가늠할 수 있게 해 준다. 이
지표는 사용자들이 꾸준히 들어와서 주기적으로 사용하는 서비스에서 사
용하기에 적합하다. 앞서 언급한 전화, 메신저, SNS 등 클래식 리텐션에
잘 맞는 서비스가 여기에 해당한다.

간혹 인게이지먼트 지표를 서비스 간에 비교하려고 시도하는 경우가 있
는데, 현실에서는 이러한 서비스 간 비교가 쉽지 않다. 서비스마다 DAU,
MAU를 측정하는 기준이 다르기도 하고(지표의 정의와 관련된 이슈는 뒤
에서 논의하겠다) 앱애니(App Annie)[18]나 코리안클릭(Koreanclick)[19] 등
의 트래킹 서비스에서 보여주는 수치도 대부분 추정치에 가깝기 때문이
다. 리텐션이나 인게이지먼트 지표는 동일 서비스에서의 기간별 추이를

---

18 https://www.appannie.com/
19 http://www.koreanclick.com/

보는 형태로 활용하는 것이 좋다. 그림 3-38은 기간별/지역별로 페이스북의 DAU/MAU 지표가 어떻게 달라지는지를 나타낸 그래프인데, 이처럼 날짜에 따라 인게이지먼트가 어떻게 달라지는지 변화 추이를 살펴보는 것은 전반적인 리텐션 수준을 요약해서 살펴보는 데 큰 도움이 된다.

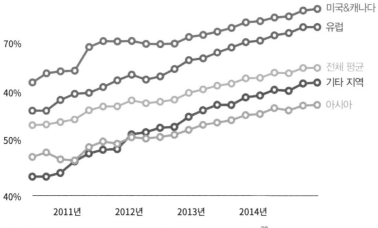

그림 3-38 페이스북 인게이지먼트 지표(출처: Jackdaw Research) [20]

3) 리텐션 분석하기

코호트에 따른 차이 살펴보기

"우리 서비스의 7일 리텐션은 45%이고,
30일 리텐션은 30%입니다."

20 http://www.beyonddevic.es/2015/07/29/thoughts-on-facebooks-q2-2015-earnings/

단순히 리텐션 수치를 계산하는 건 누구나 할 수 있지만 기간별 리텐션 수치를 계산한다고 해서 특별한 인사이트를 얻을 수 있는 것은 아니다. 퍼널 분석과 마찬가지로 리텐션을 분석할 때도 코호트에 따른 차이를 확인하고 그 원인이 되는 요소를 규명하는 것이 대단히 중요하다. 리텐션은 쪼개서 볼 때 의미 있는 지표라는 점을 기억하자. 일반적으로 리텐션을 분석할 때 활용하는 코호트의 기본은 **날짜**다. 가입 월별 리텐션, 혹은 첫 구매 월별 리텐션과 같이 날짜나 기간을 기준으로 한 리텐션의 추이를 살펴보면 리텐션이 시간 흐름에 따라 좋아지고 있는지 나빠지고 있는지를 판단할 수 있다. 혹은 **유입 채널**별 리텐션을 비교해서 어떤 채널을 통해 들어온 사용자들이 오랜 기간 남아서 활동하면서 충성 고객으로 전환되는 비율이 높은지 확인할 수도 있다.

리텐션 차트(Retention Chart)

리텐션 차트를 만들면 코호트에 따라 리텐션이 어떻게 움직이는지를 시각화해서 확인할 수 있다. 리텐션 차트는 그림 3-39처럼 삼각형 모양을 띠는데, 일반적인 리텐션 차트는 코호트, 볼륨, 기간, 유지율의 4가지 요소로 이뤄진다.

	Volume	M+1	M+2	M+3	M+4	M+5	M+6
2020년 1월	35,400	56%	40%	37%	35%	32%	27%
2020년 2월	43,512	60%	51%	40%	38%	31%	
2020년 3월	42,980	58%	50%	39%	34%		
2020년 4월	59,377	63%	55%	43%			
2020년 5월	60,219	65%	52%				
2020년 6월	64,872	64%					

그림 3-39 리텐션 차트의 구성

1. 코호트: 각 행의 첫 번째 열에 작성한다. 보통 리텐션 차트에서의 코호트는 '동일 기간 가입' 또는 '동일 기간 결제'로 잡는 경우가 많다. 예를 들면, 2020년 1월 가입자, 2020년 2월 가입자… 같은 형태로 코호트를 나눈다고 생각하면 된다.

2. 볼륨: 각 코호트의 크기를 기록한다. 가령 코호트가 2020년 1월 가입자였다면 해당 코호트에 속한 유저 수를 기록하면 된다.

3. 기간: 유지율을 구분해서 보기 위한 날짜 기준을 기록한다. 일별, 주별, 월별 중 적합한 것을 선택한다. 사용자들의 평균 서비스 방문 주기를 고려해서 정하면 된다.

4. 리텐션: 각 코호트별로 집계된 기간별 리텐션을 기록한다.

리텐션 차트를 통해 유용한 인사이트를 얻으려면 차트를 통해 다음 질문의 답을 찾아봐야 한다. 기본적으로 리텐션은 시간에 따른 변화 추이를 민감하게 살펴봐야 하는 지표다.

- 하나의 코호트 안에서 기간에 따른 유지율을 봤을 때 그 추이가 어떠한가? 유지율이 급격하게 떨어지지 않고, 안정화되는 지점이 있는가? 대략 어느 정도 기간이 지나야 안정화된다고 볼 수 있는가?

- 서로 다른 코호트의 동일한 기간의 유지율을 비교하면 어떠한가? 2020년 1월 가입자와 2020년 5월 가입자의 60일 리텐션에 차이가 있는가?

- 기간에 따라 나눈 코호트의 규모는 어떻게 달라지고 있는가? 가입자(혹은 접속자)가 꾸준히 증가하는 추세인가, 그렇지 않다면 유지되거나 감소하는 추세인가?

4) 리텐션 개선하기

리텐션을 개선하는 방법은 시점에 따라 크게 2가지로 나눠서 생각해 볼 수 있다.

- 초기에 리텐션이 떨어지는 속도를 늦추기

- 리텐션이 안정화된 이후에는 기울기를 평평하게 유지해서 오래 유지되게 하기

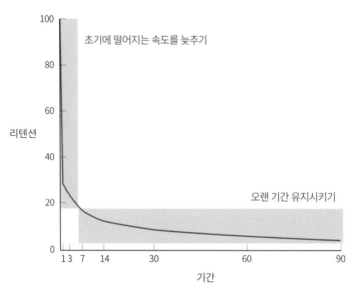

그림 3-40 리텐션 개선하기

초기에 떨어지는 속도를 늦추는 것은 활성화(Activation) 프로세스의 영향을 많이 받는다. 사용자가 서비스에 처음으로 들어와서 가입하는 동선, 서비스 핵심 기능을 사용하는 프로세스 등을 단계별로 쪼개서 살펴보는 것이 좋다. 가입할 때 발송되는 이메일이나 SMS 등의 메시지가 잘 설정돼 있는지 검토해 보는 것도 필요하다. 이처럼 활성화 단계에서 이탈이 많은 경로가 어디인지를 살펴보면 초기 유지율이 떨어지는 것을 보완하는 데 도움이 된다. 흔히 NUX(New User Experience, 신규 사용자 경험)라고 부르는 영역이다.

리텐션이 가파르게 떨어지는 구간을 지난 후 안정화되는 단계에서는 사용자와의 관계를 잘 유지하는 것이 중요하다. 정기적인 커뮤니케이션 플랜이나 CRM 마케팅 활동, 주기적으로 진행하는 프로모션 등이 도움이 된다. 특히 일정 기간 미사용 후 휴면 고객이 되는 사용자들을 대상으로 적절한 복귀 명분을 만들어주는 리마케팅(Re-Marketing) 등을 꾸준히 진행할 필요가 있다.

한번 떨어진 리텐션을 끌어올리기는 쉽지 않다. 떨어진 리텐션을 끌어올리는 것보다는 애초에 리텐션이 떨어지지 않도록 관리하는 편이 현명하다. 일반적으로 높은 리텐션을 유지하는 방법 중 하나는 서비스를 통해 '축적되는' 가치를 만들고 이를 사용자에게 지속적으로 전달하는 것이다. 반대로 후발주자로 시작하는 서비스들은 경쟁 서비스의 사용자들을 데려오기 위해 그동안 축적해 놓은 가치를 손실 없이 이전하는 기능을 제공하는 경우가 많다.

메모 및 데이터 관리 기능을 제공하는 노션(Notion)은 가져오기 기능을 통해 에버노트 등 경쟁사에 저장해 둔 사용자의 노트를 쉽게 가져올 수 있는 기능을 제공한다(그림 3-41). 일반적으로 노트 관리나 메모 서비스는 리텐션 비율이 굉장히 높은 편이다. 이미 특정 서비스에 작성해 둔 콘텐츠가 사용자들에게 큰 의미가 있기 때문이다. 하지만 축적한 가치를 손쉽게 이전하는 기능을 잘 제공한다면 높은 리텐션 비율을 보이던 경쟁 서비스의 고객도 어렵지 않게 데려올 수 있다.

그림 3-41 노션의 가져오기 기능

국내 음악 스트리밍 앱의 후발주자인 FLO는 사용자들의 플레이리스트 이전과 관련한 재미 있는 기능을 제공한다. 사용자들이 경쟁사(멜론, 지니)에서 사용하던 플레이리스트 화면을 캡처해서 업로드하면 이미지/텍스트 인식(OCR) 기능을 이용해 동일한 플레이리스트를 FLO에 만들어주는 것이다(그림 3-42). 마찬가지로 경쟁 서비스에 축적돼 있던 가치를 손실 없이 이전함으로써 새로운 서비스를 사용하는 것에 대한 부담을 줄여준 사례로 들 수 있다.

그림 3-42 FLO의 플레이리스트 이전 기능

5) 리텐션(Retention) 정리

지금까지 AARRR의 세 번째 단계인 리텐션에 대해 살펴봤다. 리텐션을 개선하기 위한 활동들을 할 때 주의해야 할 점은 단순히 리텐션 지표만 보지 말고 전반적인 사용자 경험을 고려해야 한다는 점이다. 사실 푸시, 이메일, SMS 등 커뮤니케이션 채널을 반복적으로 활용하면 일시적인 리텐션 지표는 무조건 올라간다. 특히 한 달에 한 번만 접속해도 숫자가 집계되는 MAU(Monthly Active User)의 경우 약간의 꼼수만으로도 크게 높일 수 있다. 하지만 사용자 입장에서 커뮤니케이션 채널에 대한 피로 관리가 제대로 되지 않으면 단기적인 효과는 있을지 몰라도 장기적으로는 악영향이 누적된다는 점을 반드시 유의해야 한다. 특히 앱 푸시 등의 촉발제(Trigger)를 반복적으로 사용하면 당연하게도 앱 삭제(uninstall)나 회원 탈퇴 같은 부작용이 증가할 수밖에 없다. 이 때문에 유저 커뮤니케이션 채널은 사내의 특정 부서에서 일원화해서 관리하는 편이 좋다. 이 과정에서 발송되는 메시지의 빈도나 총량이 너무 많아지지 않도록 유의해야 한다. 특히 전체 회원을 대상으로 하는 앱 푸시나 이메일을 발송한다면 해당 푸시나 이메일에 대한 클릭율이나 반응율을 보는 것과 함께 해당 푸시나 이메일로 인한 앱 삭제나 회원 탈퇴와 같은 부작용 지표들을 체크할 필요가 있다.

리텐션은 단기적인 이벤트보다는 장기적으로 꾸준히 진행하는 활동을 통해 점진적으로 개선되는 지표다. 리텐션을 잘 관리하면 복리 효과로 돌아오지만, 반대로 리텐션이 안 좋은 상태로 장기간 누적되면 그에 따른 마이너스 효과도 복리로 누적된다는 점을 기억하자.

서비스 카테고리마다 권장되는 리텐션 수준이 다르다는 점도 유의할 필요가 있다. SNS 서비스와 쇼핑 서비스, 여행 서비스는 각각 목표하는 리텐션 수준이 달라야 한다. 서비스별로 목표하는 수준을 잘 정의하는 것은 대단히 중요한데, 이 부분을 세심하게 고려하지 않으면 리텐션을 높이기 위한 장치들이 이미 잘 활동하고 있는 사용자들을 불편하게 할 수 있기 때문이다. 한 달에 한 번 정도 꾸준히 들어와서 우리 서비스를 잘 사용하고 있는 사용자에게 매일 들어오라고 푸시를 보낸다면 어떻게 될까? 불편함을 느낀 사용자가 이미 잘 쓰고 있던 서비스를 이탈할 수도 있을 것이다.

마지막으로 기억해야 할 점은 리텐션이 늘 일관되게 유지되지 않는다는 점이다. 같은 서비스라도 유입되는 사용자 특성에 따라 리텐션 추이가 얼마든지 달라질 수 있고 때로는 경쟁사의 출현 등 외부적인 요인이 리텐션에 영향을 미치기도 한다. 리텐션을 한 번 측정하고 끝내는 게 아니라 기간에 따른 코호트 분석을 꾸준히 해야 하는 것도 바로 이러한 이유 때문이다.

3.5 | 수익화

1) 수익화(Revenue)의 기본 개념

AARRR에 해당하는 하나하나의 요소들은 모두 중요하지만 결국 사업의 성패를 가르는 것은 수익화(Revenue)라고 할 수 있다. 수익화 관리를 위해서는 서비스가 어떤 비즈니스 모델(Business Model)을 가지고 있는지를 명확히 이해하고, 그 비즈니스 모델이 잘 동작하는지, 비용 대비 수익이 안정적인지를 데이터로 확인할 수 있어야 한다.

가입자가 아무리 많아도, DAU와 MAU가 아무리 높아도, 앱스토어 평점이 아무리 높아도, 이 모든 것들이 매출로 돌아오지 않는다면 서비스를 유지할 수 없다. 매출을 책임지는 것이 특정 부서의 역할이 아니라 서비스를 만들고 운영하는 모든 사람들의 역할이라는 점을 명심해야 한다. '나는 프로덕트를 만드는 사람이니까 서비스의 사용성에 집중하면 돼. 매출은 비즈니스, 영업 담당자들이 책임지는 거야'라는 생각은 굉장히 무책임하다.

2) 수익화 관련 주요 지표

ARPU(Average Revenue Per User)

구매자 수, 구매 건수, 매출과 같은 기본적인 지표를 제외하고 수익화 측면에서 우선적으로 봐야 하는 중요한 지표는 ARPU(Average Revenue Per User, 인당 평균 매출)이다.

$$\text{ARPU(인당 평균 매출)} = \frac{\text{Revenue}}{\text{User}}$$

ARPU는 개념적으로는 굉장히 단순한데, 말 그대로 사용자 한 명이 평균적으로 발생시키는 매출을 의미한다. ARPU를 가입자당 평균 매출이라고 정의하는 경우도 있는데, 이보다는 문자 그대로 '사용자 당 매출'이라고 해석하는 것이 맞다고 생각한다. 인당 평균 매출이라는 개념은 전반적인 수익화 상황을 보는 데 굉장히 유용하다. 단순히 매출이 많다, 적다는 수준이 아니라 이후 사용자가 늘어난다면 매출이 어떤 속도로 증가할지를 가늠하는 데 좋은 기준이 되기 때문이다.

다만 명확한 개념적 정의와는 다르게, 실제로 ARPU를 계산하는 과정은 생각만큼 수월하지 않다. ARPU를 구하기 위한 '사용자'와 '매출'의 정의가 모호하기 때문이다. 가령 ARPU를 구할 때 사용하는 사용자는 누적 가입자 전체일까? 혹은 DAU(Daily Active User)나 MAU(Monthly Active User)로 봐야 할까? 결제에 대한 지표이므로 가입자가 아니라 결제자를 봐야 할까? 마찬가지로 매출의 기준이 되는 기간은 언제부터 언제까지일까? 지금까지의 누적 매출을 봐야 할까? 아니면 이번 달 매출이나 오늘의 매출을 봐야 할까?

ARPU를 특정 시점의 스냅숏이라고 오해하는 경우가 간혹 있는데, ARPU는 시작과 끝이 있는 특정 기간에 대한 지표다. 즉, '현재 시점의 ARPU' 같은 지표는 존재하지 않는다. 기준을 명확하게 세우지 않은 상태에서는 ARPU가 굉장히 모호한 지표일 수 있으므로 ARPU를 구하려면 먼저 전사적으로 통용되는 명확한 기준을 세워야 한다. 회사마다 ARPU를 정의하는 기준이 조금씩 다를 수 있다. 하지만 따로 정의되지 않았다면 ARPU는 월 기준으로 집계하는 것이 일반적이다.

월 기준으로 집계한다면 월 매출을 MAU로 나눈 값으로 ARPU를 구할 수 있다. 경우에 따라서는 이러한 오해를 막기 위해 애초에 기간을 더 명확하게 정의한 형태로 다음과 같은 지표를 사용하기도 한다.

- ARPDAU(Average Revenue Per Daily Active User) = 일 매출 / DAU
- ARPWAU(Average Revenue Per Weekly Active User) = 주간 매출 / WAU

ARPPU(Average Revenue Per Paying User)

ARPPU(Average Revenue Per Paying User, 결제자 인당 평균 매출)는 ARPU와 유사하지만 전체 사용자가 아닌 '결제자'만을 대상으로 한다는 점이 다르다. ARPU가 사용자 한 명이 평균적으로 발생시키는 매출이라면 ARPPU는 결제자 한 명이 평균적으로 발생시키는 매출이다. 따라서 ARPPU는 매출을 결제자 수로 나눠서 구할 수 있다. ARPPU도 ARPU와 마찬가지로 기간에 대한 정의가 필요하다. 따로 정의되지 않았다면 월간 매출과 월간 결제자 수를 바탕으로 계산하는 것이 일반적이다.

$$\text{ARPPU(결제자 인당 평균 매출)} = \frac{\text{Revenue}}{\text{Paying User}}$$

고객 생애 가치(Lifetime Value, LTV)

수익화를 분석할 때 핵심이 되는 또 다른 지표로 **고객 생애 가치**를 들 수 있다. 고객 생애 가치는 일반적으로 LTV(Lifetime Value) 또는 CLV(Customer Lifetime Value)라는 용어로 표현한다. 고객 생애 가치는 한 명의 사용자가 진입하는 순간부터 이탈하는 순간까지의 전체 활동 기간에 누적해서 발생시키는 수익으로 정의할 수 있다.

고객 생애 가치를 구하는 데 일반적으로 활용되는 공식은 다음과 같다.

$$\text{고객 생애 가치(LTV)} = \frac{(M - c)}{1 - r + i} - AC$$

M: 1인당 평균 매출 c: 1인당 평균 비용
r: 고객 유지 비율 i: 할인율
AC: 고객 획득비용(acquisition cost)

굉장히 복잡해 보여도 하나하나의 개념을 이해한다면 그렇게 어려운 공식은 아니다. 매출에서 운영 비용을 제외한 수익을 먼저 계산하고, 이탈율을 고려해서 '고객 생애' 동안 반복적으로 기대할 수 있는 누적 수익을 구한다. 기간이 길어질수록 현금 가치가 영향을 받으므로 이 과정에서 할인율(이자율)을 반영하면 더욱 정확한 누적 수익을 구할 수 있다. 여기에 마지막으로 고객 획득 비용을 빼면 된다.

가령 1인당 평균 매출 15만 원, 1인당 평균 비용 5만 원, 고객 유지 비율 60%, 할인율 10%, 그리고 고객 획득 비용이 3만 원이라고 가정하면 위 수식에 따라 고객 생애 가치는 17만 원이라고 계산할 수 있다. (이 수식에 대한 자세한 내용은 조성문 님의 블로그[21]를 참고하자.)

논리적으로는 빈틈없이 완벽한 수식이지만 앞의 수식에는 결정적인 단점이 있다. **현실에서 이런 식의 계산은 사실상 불가능하다는 점이다.** (우리는 경제학 시험문제를 푸는 게 아니라 비즈니스 현실에서 마주친 문제를 풀어야 한다.) 위 공식에 숫자를 넣어서 LTV를 계산하려면 엄청나게 많은 가정이 필요한데 현실적으로 이러한 가정들은 충족되기 어렵다.

- 고객 1인당 비용(유지비용, 획득비용)을 계산할 수 있다? – 불가능하다
- 고객 1인당 평균 매출이 기간마다 일정하다? – 일정하지 않다
- 고객 유지 비율(혹은 이탈 비율)이 기간마다 일정하다? – 일정하지 않다

하지만 현실적으로 계산하기 어렵다는 이유로 포기하기에는 고객 생애 가치가 가지는 중요도가 너무나도 크다. 다른 방법은 없을까?

---

21 https://sungmooncho.com/2011/11/21/customer-lifetime-value/

고객 생애 매출(Lifetime Revenue, LTR)

개인적으로 추천하는 방법은 고객 생애 가치 대신 고객 생애 매출(Lifetime Revenue)을 활용하는 것이다. 고객 생애 가치가 고객 한 명에 대한 기대 **수익**이라면 고객 생애 매출은 고객 한 명에 대한 기대 **매출**이다. 고객 생애 가치를 계산하기 위해서는 매출과 비용을 모두 계산해야 하지만 고객 생애 매출을 계산할 때는 따로 비용을 고려하지 않고 매출만 살펴보면 된다. 즉, 고객 생애 매출은 유지 비용이나 획득 비용을 고려하지 않기 때문에 계산이 비교적 간편하다.

다음과 같은 데이터가 있다고 가정해 보자. 2020년 1월에 1,000명이 가입했고, 이 가운데 500명이 결제 전환이 됐다. 다음 달부터는 점차 활동하는 회원이 줄어들고, 비슷한 추이로 결제하는 회원도 줄어들었다. 최종적으로는 2020년 1월에 가입한 1,000명이 2020년 8월에 모두 이탈했다고 가정하자. 이 경우 2020년 1월 가입자들에 대한 고객 생애 매출을 어떻게 구할 수 있을까?

시점	가입자	(1월 가입자 중) 활용회원	(1월 가입자 중) 결제자	ARPPU	결제금액
2020년 1월	1,000	1,000	500	5,000	2,500,000
2020년 2월		800	300	4,500	1,350,000
2020년 3월		500	120	4,000	480,000
2020년 4월		350	80	4,000	320,000
2020년 5월		200	30	3,000	90,000
2020년 6월		150	15	3,000	45,000
2020년 7월		80	7	2,500	17,500
2020년 8월		30	2	2,500	5,000
2020년 9월		0	0	0	0

그림 3-43 월별 결제 데이터 예시

월별 결제금액 우측에 '**가입자당 결제액**'이라는 칼럼을 추가해 보자. 첫
달에는 총 250만 원의 매출이 발생했고, 이를 가입자 1,000명으로 나누
면 가입자당 결제액은 2,500원이 된다. (결제자로 나누는 것이 아니라 가
입자로 나눠야 한다는 점에 유의하자. 결제자당 평균 결제액은 표에 있
는 ARPPU에 해당하는 수치다.) 비슷한 방식으로 2020년 2월을 계산하면
135만 원의 결제 금액을 가입자 1,000명으로 나눈 1,350원이 2월의 가입
자당 결제액이라고 볼 수 있다. (가입자당 결제액이므로 활동 회원 800명
이 아니라 최초 가입자 1,000명으로 나눠야 한다.) 비슷한 방식으로 나머
지 기간의 데이터를 계산해 보자. 월별 가입자당 결제액을 모두 합산하면
4807.5원이 나오는데, 이 숫자가 1명의 가입자가 생겼을 때 기대할 수 있
는 평균 매출(Lifetime Revenue)이다.

시점	가입자	(1월 가입자 중) 활용회원	(1월 가입자 중) 결제자	ARPPU	결제금액	가입자당 결제액
2020년 1월	1,000	1,000	500	5,000	2,500,000	2,500
2020년 2월		800	300	4,500	1,350,000	1,350
2020년 3월		500	120	4,000	480,000	480
2020년 4월		350	80	4,000	320,000	320
2020년 5월		200	30	3,000	90,000	90
2020년 6월		150	15	3,000	45,000	45
2020년 7월		80	7	2,500	17,500	17.5
2020년 8월		30	2	2,500	5,000	5
2020년 9월		0	0	0	0	0
계						4807.5

고객 생애 매출
(Lifetime Revenue)

그림 3-44 고객 생애 매출(LTR) 계산 예시

3) 수익화 분석하기

고객 생애 매출(Lifetime Revenue, LTR) 활용하기

현실적으로는 특정 시점의 가입자들이 (단기간에) 모두 이탈하는 경우는 매우 드물기 때문에 앞에서처럼 고객 생애 매출을 딱 떨어지는 숫자로 계산하기는 쉽지 않다. 또한 위 사례에서는 한 달 동안 가입한 고객 기준의 고객 생애 매출을 계산했는데, 실제 서비스에서는 매달 새로운 사용자들이 들어오고 기존 사용자들이 이탈하는 과정이 뒤섞여서 나타나기 때문에 조건이 훨씬 더 까다롭다는 점도 고려해야 한다.

고객 생애 매출을 활용할 때의 중요한 포인트는 우리 서비스의 전체적인 고객 생애 매출을 딱 떨어지는 숫자로 요약하는 것에 집착할 필요가 없다는 점이다. 고객 생애 매출은 전체 회원을 대상으로 하는 하나의 지표로 계산해서 관리하기보다는 코호트를 잘 나누고 코호트별 고객 생애 매출의 추이가 어떻게 변화하는지 살펴보는 편이 훨씬 더 유용하다. 이 경우 가장 일반적으로 활용되는 코호트 분류 기준은 '가입 시점'이 된다.

가입 시점에 따른 코호트를 나누고 각 코호트의 고객 생애 매출의 변화 그래프를 그려 보면 시간이 지남에 따라 고객 생애 매출이 증가하는 속도와 높이를 확인할 수 있다. 가령 앞의 그림 3-44의 표를 기준으로 월별 고객 생애 매출의 변화 추이를 살펴보면 그림 3-45과 같다. 그림 3-45에 보이는 파란색 선이 고객 생애 매출의 증가 추이를 보여준다. 이처럼 기간별로 고객 생애 매출이 증가하는 추이를 구한 후 고객 획득 비용(Customer Acquisition Cost, CAC)과 비교하면 서비스의 수익 모델이 잘 동작하고 있는지, 마케팅 비용을 적절하게 사용하고 있는지 등을 확인할 수 있다.

건강하게 성장하고 있는 서비스라면 LTR이 CAC를 빠르게 따라잡고 장기적으로 CAC의 몇 배수까지 높아져야 한다.

앞에서 예시로 든 서비스의 고객 획득 비용이 1,500원이라고 가정하면 이 서비스는 가입자들의 첫 달 고객 생애 매출을 통해 고객 획득 비용을 넘긴 것을 확인할 수 있다. 가입 후 3개월가량 되는 시점이 되면 고객 생애 매출이 고객 획득 비용을 3배 초과하게 되고, 그 이후에는 안정화되면서 더 이상 크게 증가하지 않는다.

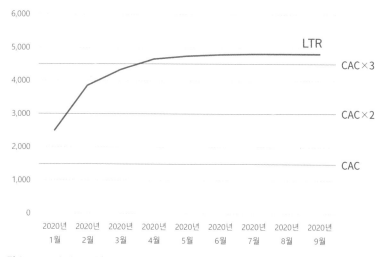

그림 3-45 고객 생애 매출(LTR)과 고객 획득 비용(CAC)

단일 지표를 살펴보는 것도 중요하지만, 여러 지표의 관계를 통해 인사이트를 얻을 수 있는 경우도 많다. 특히 고객 생애 매출과 고객 획득 비용은 짝지어 확인하기에 매우 유용한 지표들이다. 만약 비즈니스의 성공과 실패를 구분할 수 있는 단 하나의 수식을 고르라고 하면 LTR과 CAC의 관계를 나타낸 아래 수식을 들 수 있다. 건강한 서비스라면 LTR이 CAC보다 충분히 커야 한다. 즉, 아래 수식에서 a가 굉장히 큰 숫자여야 한다.

$$CAC + a < LTR$$
고객 획득 비용 　　　　　　고객 생애 매출

고객 생애 매출(LTR)이 고객 획득 비용(CAC)보다 충분히 큰가? 간단해 보이지만 이 질문은 비즈니스의 생존 가능성을 확인하는 중요한 질문이다. 당연하게도, 고객 생애 매출이 고객 획득 비용보다 충분히 크지 못하면 그 비즈니스는 유지될 수 없다. 고객 생애 매출이 고객 획득 비용보다 작은 경우라면 더 말할 필요도 없다. 서비스의 수익 구조나 이익률에 따라 달라질 수 있지만 일반적으로는 고객 생애 매출이 고객 획득 비용의 5~10배 정도는 돼야 어느 정도 안정적인 서비스 운영을 기대할 수 있다. 물론 절대적인 수치 비교와 함께 고객 생애 매출이 고객 획득 비용을 넘어서기까지의 기간(Payback Period)이 얼마나 걸리는지도 고려해야 한다. 똑같이 고객 생애 매출이 큰 서비스라고 하더라도 3개월만에 고객 획득 비용을 보전할 수 있는 서비스와 12개월이 걸려야 고객 획득 비용을 보전할 수 있는 서비스는 수익화 여건이 다를 수밖에 없다.

수익화 상황을 개선하기 위해 고객 생애 매출을 늘리는 것과 고객 획득 비용을 줄이는 것 중 어떤 방법이 더 효과적일까? 같은 비율이라면 고객 생애 매출을 늘리는 편이 고객 획득 비용을 줄이는 것보다 효과적이다(뒤에 나오는 계산식을 참고하자). 즉 수익을 높이기 위해서는 비용을 줄이는 것도 필요하지만 튼튼한 비즈니스 모델을 통해 사용자들이 지속적으로 결제하는 구조를 만드는 것이 더 중요하다고 할 수 있다.

고객 생애 매출 100원, 고객 획득 비용 50원(수익 50원)인 서비스

1. LTR 10% 증가 → 고객 생애 매출 110원, 고객 획득 비용 50원(수익 60원)

2. CAC 10% 감소 → 고객 생애 매출 100원, 고객 획득 비용 45원(수익 55원)

다만 현실적으로는 고객 생애 매출보다는 고객 획득 비용이 조금 더 변화시키기 쉬운 지표이기 때문에 이쪽에 먼저 집중하는 경우가 많다. 비즈니스 모델이나 수익 구조를 단기간에 바꾸기는 쉽지 않지만 고객 획득을 위한 마케팅 채널이나 소재는 비교적 쉽게 테스트할 수 있기 때문이다. 따라서 현실에서는 이 두 지표를 다음과 같은 형태로 많이 사용한다.

1. 고객 생애 매출을 먼저 구한다. 앞서 설명한 대로 가입 코호트를 활용해 코호트별 비교를 하거나 고객 생애 매출의 기간별 변화 추이를 살펴보면 좋다.

2. 고객 생애 매출을 고려해서 목표로 하는 고객 획득 비용 수준을 정한다. 수익 구조나 마진을 고려해서 고객 생애 매출의 1/5 ~1/10 정도를 목표로 잡으면 좋다. 이 수치가 마케팅을 진행할 때의 의사결정 기준이 된다.

수익화 쪼개서 보기

앞서 데이터를 쪼개서 확인함으로써 많은 인사이트를 얻을 수 있었던 몇 가지 사례를 소개한 적이 있다. 매출 데이터도 예외는 아니다. 매출은 어떻게 구성돼 있을까? 매출을 쪼개서 보는 몇 가지 방법을 알아보자.

(1) 아이템별 매출의 합계

판매하는 아이템별 매출의 합계를 통해 전체 매출을 계산할 수 있다. 매출 = 아이템 A 매출 + 아이템 B 매출 + 아이템 C 매출 … 과 같은 식이다.

실제로 많은 서비스에서 이러한 방식으로 매출에 기여하는 아이템과 그렇지 않은 아이템, 판매량이 증가한 아이템과 감소한 아이템 등을 파악한다.

(2) 사용자별 매출의 합계

사용자 세그먼트를 분류한 후 각 세그먼트별 매출의 합계를 통해 전체 매출을 계산할 수 있다. 성별이나 연령대 같은 기본적인 인구통계학적 정보를 활용할 수도 있고, '신규 회원 매출 + 기존 회원 매출'과 같은 식으로 가입 기간이나 활동 여부를 기준으로 나눠서 볼 수도 있다.

(3) 결제자 수 × ARPPU

ARPPU는 결제자의 인당 결제액을 의미한다. 따라서 ARPPU에 결제자 수를 곱하면 전체 매출이 된다. ARPPU의 정의를 생각해보면 어렵지 않게 다음과 같은 수식을 생각해 볼 수 있다.

매출 = 결제자수 × ARPPU

결제자 수는 활동회원 중 얼마나 결제를 했느냐에 따라 달라지는 지표이기 때문에 여기서 한 번 더 쪼개 볼 수 있다. '결제자 수 = 활동회원 × 결제비율'을 위 식에 넣어서 다시 정리해 보자.

매출 = 활동회원 × 결제비율 × ARPPU

활동회원은 가입자 중 남아서 활동하는 회원이 얼마나 되느냐에 따라 달라지는 지표다. 즉, '활동회원 = 가입자 × 리텐션'이라는 수식으로 치환할 수 있고 이를 위 수식에 대입해서 아래와 같은 식을 얻을 수 있다.

매출 = 가입자 × 리텐션 × 결제비율 × ARPPU

마지막으로, 가입자는 앱 설치자와 가입 전환율을 곱해서 구할 수 있다.
이를 반영한 최종 수식은 다음과 같다.

매출 = 설치 수 × 가입전환율 × 리텐션 × 결제비율 × ARPPU

이런 식으로 매출을 퍼널에 따라 쪼개 보면 매출이 증가하거나 감소하는
패턴을 훨씬 더 세부적으로 파악할 수 있게 된다. 예를 들면, 매출이 증가
하거나 감소했을 때 그 원인이 가입전환율이 좋아져서인지, 잔존율이 좋
아져서인지, 유저가 결제하는 비율이 높아져서인지, 혹은 평균적으로 더
비싼 제품을 샀기 때문인지를 판단할 수 있게 되는 식이다. 특히 가입 기
간에 따른 월별 코호트 기준으로 매 코호트의 데이터를 이렇게 쪼개서 확
인하면 기간에 따른 효과와 퍼널에 따른 효과를 결합해서 훨씬 더 입체적
으로 매출을 분석할 수 있다. 또한 간단한 시뮬레이션을 통해 향후 트렌드
를 반영한 매출 예측도 가능하다.

							결제자	x	ARPPU
					활동회원	x	결제비율	x	ARPPU
			가입자	x	리텐션	x	결제비율	x	ARPPU
	인스톨	x	가입전환율	x	리텐션	x	결제비율	x	ARPPU

M-0 가입자	▪ 매출이 증가하거나 감소하는 패턴에 대해 훨씬 더 세부적으로 파악 가능
M-1 가입자	▪ 인스톨, 가입전환율, 리텐션, 결제비율, ARPPU의 중요도 분석
M-2 가입자	▪ 기간에 따른 코호트를 나눴을 때 매출에 어떤 영향을 주는지 분석
M-3 가입자	▪ Rule-Base의 시뮬레이션

그림 3-46 매출 데이터 쪼개 보기

월별 반복 매출(Monthly Recurring Revenue, MRR)

독립적인 결제 이벤트가 발생하는 서비스가 아닌 구독형 서비스에서는 매출을 어떻게 분석할 수 있을까? 멜론, 리디셀렉트, 넷플릭스 등 음원이나 도서, 영상을 구독하고 월별 이용금액을 지불하는 서비스에서는 월별 반복 매출(Monthly Recurring Revenue, MRR)이라는 개념을 사용한다. 구독 형태의 비즈니스 모델을 가진 서비스라면 다음과 같이 매출을 구성하는 여러 가지 요소를 나눠서 분석할 수 있다. 마찬가지로 이렇게 쪼개서 매출을 바라보면 전월 대비 매출이 증가했을 때 그 원인이 신규 사용자의 증가 때문인지, 기존 사용자들의 업셀링 때문인지, 혹은 이탈 고객이 감소하면서 얻은 효과 때문인지를 알 수 있다. 이처럼 매출의 증가, 감소 원인을 세부적인 수준에서 확인할 수 있다면 이에 대응하기 위해 해야 하는 다음 행동을 구체적으로 계획할 수 있게 된다.

- 기준(Base) MRR: 전월 기준 매출
- 신규(New) MRR: 신규 고객으로 인해 증가한 매출
- 이탈(Churn) MRR: 기존 고객 이탈로 인해 감소한 매출
- 업그레이드(Upgrade) MRR: 기존 고객 대상 크로스셀(cross-sell), 업셀(up-sell)로 인해 증가한 매출
- 다운그레이드(Downgrade) MRR: 기존 고객의 요금제 하향조정(plan downgrade) 등으로 인해 감소한 매출

월별 반복 매출 = 기준 MRR + 신규 MRR - 이탈 MRR + 업그레이드/다운그레이드 MRR

전월 MRR	신규고객으로 인한 매출 증가	기존 고객 이탈로 인한 매출 감소	기존 고객들의 업셀링, 크로스셀링을 통한 매출 증가 혹은 기존 고객들의 플랜 다운 그레이드로 인한 매출 감소

	2020년 1월	2020년 2월	2020년 3월	2020년 4월	2020년 5월
기준 MRR	10,000,000	11,418,200	11,975,200	12,000,900	13,303,500
신규 MRR	2,500,000	1,000,000	348,700	1,378,500	850,400
이탈 MRR	(1,258,000)	(985,000)	(420,000)	(156,000)	(400,000)
업그레이드 MRR	430,200	600,000	235,000	230,100	358,000
다운그레이드 MRR	(254,000)	(58,000)	(138,000)	(150,000)	(210,400)
MRR 합계	**11,418,200**	**11,975,200**	**12,000,900**	**13,303,500**	**13,901,500**

그림 3-47 MRR 계산 예시

4) 수익화(Revenue) 정리

수익화 분석에서 유의해야 할 점은 대부분의 수익화 지표가 대푯값의 형태로 계산되지만 실제 수익화 정도는 사용자마다 엄청나게 다양하다는 점이다. 실제로 수익화 지표를 계산해보면 개인별 편차가 상당히 크게 나타난다. 흔히 파레토 법칙으로 알려진 20:80 비율처럼 전체 사용자의 20%가 전체 매출의 80%를 결제하는 패턴을 흔히 볼 수 있으며, 서비스에 따라 이 비율이 더 극단적인 경우도 많다. 특히 게임과 같이 결제까지 전환되는 유저가 소수인 카테고리에서는 상위 1% 사용자의 결제액이 전체 매출의 50% 이상을 차지하는 경우도 어렵지 않게 볼 수 있다. 이러한 맥락을 감안하면 매출에서의 평균값은 굉장히 주의해서 사용해야 한다. 고액 결제사 몇 명의 행동 변화에 따라 ARPU나 ARPPU가 흔들릴 수 있기 때문이다. 이러한 오류를 방지하기 위해서는 '평균 사용자'라는 모호한 개념에서 벗어날 필요가 있다. 새로운 기능을 만들 때도 평균 사용자라는 모호한 타기팅을 하는 것보다 '서비스에 대한 충성도가 높고 매출 기여가 높은 사용자' 층을 고려해서 기획하는 편이 훨씬 효과적이라는 점을 기억하자. 실제 수익화의 성패는 이러한 고래(whale, 고수익 창출 유저를 지칭하는 단어로 흔히 사용된다) 사용자들을 얼마나 잘 관리하느냐에 달린 경우가 많다. 따라서 **요약된 수익화 지표 하나만 보고 의사결정을 내리기보다는 사용자를 다양한 방식으로 그루핑하고 각 그룹에 맞는 운영 및 수익화 전략을 세우는 것이 중요하다.**

과거에는 사용자를 최대한 많이 확보하는 것이 우선이고 수익화는 나중에 천천히 고민해도 된다고 생각했던 시기가 있었다. 수익 모델이 명확하지 않더라도 빠르게 사용자를 모아서 성장하는 것만으로도 시장에서 인정받고 투자를 유치할 수 있던 시절이었다. 하지만 더는 그런 관점이 유효하지 않다. 좋은 서비스를 만들어서 사용자를 모으는 것과 그 과정에서 탄탄한 비즈니스 모델을 만들어서 매출을 일으키는 것은 서로 다른 능력치가 필요한 일이다. 하나를 이뤘다고 해서 다른 하나가 자동으로 진행되는 건 아니라는 뜻이다. **서비스를 출시하는 시점에는 수익 모델이 포함되지 않을 수 있지만 그런 경우라고 해도 어느 시기에 어떤 방식으로 수익화할 것인가에 대한 로드맵은 명확하게 존재해야 한다.** 막연히 '나중에' '어떤 방식이 될지는 모르겠지만'이라고 생각하고 수익화를 고민하지 않는다면 사용자에게는 사랑받는 서비스가 될 수 있을지는 몰라도 성공하는 서비스가 될 수는 없다는 점을 명심하자.

3.6 | 추천(Referral)

1) 추천(Referral)의 기본 개념

추천은 오가닉(Organic) 유입의 하나로, 말 그대로 기존 사용자의 추천이나 입소문을 통해 새로운 사용자를 데려오는 것을 의미한다. 친구 추천이라고 하면 프로모션이나 이벤트를 떠올리는 사람이 많은데 AARRR에서 이야기하는 추천이 일회성 이벤트를 의미하는 것은 아니다. 이보다는 '서비스 내에 입소문을 통한 선순환 구조를 어떻게 구축할 것인가'라는 구조적인 문제에 더 가깝다.

추천을 위한 기능으로 가장 흔히 볼 수 있는 것은 친구 초대다. 대부분의 서비스에서는 기존 회원이 새로운 회원을 초대할 때 일정한 보상을 지급하는 친구 초대 프로그램을 운영한다. 친구 초대에 대한 보상은 얼마나 지급하는 것이 좋을까? 당연하게도 고객 획득 비용(CAC)에 따라 달라진다. 일반적으로 친구 초대에 대한 보상은 유료 마케팅 채널을 활용한 고객 획득 비용의 50~70% 수준에서 결정되는 경우가 많다. (이 점을 고려하면 경쟁 서비스의 친구 초대 보상을 조사해서 고객 획득 비용을 어느 정도 추론할 수도 있다.) 다른 마케팅 채널보다 저렴한 비용으로 새로운 사용자를 데려올 수 있고 초대를 통해 들어온 사용자들은 진성 유저가 될 가능성이 높다는 점에서 친구 초대는 굉장히 강력하고 중요한 추천 채널이라고 볼 수 있다.

2) 친구 초대 플로 설계

친구 초대는 세세한 프로세스와 화면 단위의 사용자 경험(User Experience)
이 얼마나 잘 설계됐느냐에 따라 그 효과가 크게 달라진다. 서비스마다 친
구 초대를 유도하는 시점, 친구 초대에 대한 보상, 친구 초대를 하는 맥락,
친구 초대 핵심 메시지 등 친구 초대 기능에 대한 로직 설계는 천차만별
이고 그에 따른 효과도 편차가 매우 크다. 에어비앤비에서 '친구를 초대하
고 25달러의 크레딧을 받으세요'라는 문구를 '친구에게 25달러의 크레딧
을 선물하세요'라는 문구로 바꾸고 나서 친구 초대 수가 늘어났다는 일화
는 유명하다. 이처럼 동일한 기능이라고 하더라도 어떤 문구와 톤으로 표
현하느냐에 따라 친구 초대 성과는 크게 달라질 수 있다.

초대 맥락

초대한 회원과 초대받은 회원에게 보상을 주는 시스템을 만드는 것 자체
는 크게 어려운 일이 아니다. 대부분의 서비스는 비슷한 형태의 친구 초대
시스템이 만들어져 있다. 하지만 실제로 친구를 초대하는 회원의 비중은
그리 높지 않다. 친구 초대를 해야 하는 맥락을 잘 설계하지 않고 단순히
기능만 제공하는 것으로는 사용자들의 참여를 유도하기 어렵다. 친구 초
대의 효과를 극대화하려면 초대하는 맥락을 자연스럽게 잘 구성하거나 혹
은 친구 초대 자체에 게임화(gamification) 요소를 추가하는 것을 고려할
수 있다.

카카오뱅크의 모임 통장은 소모임 등에서 회비 관리를 쉽게 할 수 있게 만
든 통장이다. 기존의 공유 통장은 모임주나 총무만 계좌를 확인할 수 있었
지만 이 서비스는 모임통장에 초대된 모든 회원들이 실시간으로 입/출금
내역을 확인할 수 있게 해준다. 모임 통장을 개설한 후 멤버를 초대하는

것은 특별히 보상을 바라고 하는 행동이 아니라 (실제로 모임 통장에 멤버를 초대하는 프로세스에 대해서는 별도의 보상이 없다) 모임 통장을 원래 목적대로 활용하기 위해 자연스럽게 거치게 되는 프로세스다. 이 과정은 사용자 입장에서 굉장히 자연스러운 초대 맥락 안에 있지만 동시에 카카오뱅크 입장에서는 굉장히 효율적으로 신규 사용자를 유치할 수 있는 방법이기도 하다. 실제 카카오뱅크 모임통장 이용자의 30%는 별도의 카카오뱅크 계좌가 없는 신규 사용자인 것으로 알려졌다. 처음에는 친구가 초대한 모임통장의 멤버로 카카오뱅크에 가입하게 되지만 이 가운데 많은 이들은 카카오뱅크의 예/적금 통장을 개설하는 진성 고객으로 전환된다. 초대 맥락을 잘 설계함으로써 효과적인 추천 프로세스를 만든 사례로 볼 수 있다.

그림 3-48 카카오뱅크 모임통장

메시지/보상

친구 초대에 대한 보상은 쿠폰이나 적립금, 포인트, 기프티콘 등 다양한 형태로 제공할 수 있다. 보상이 반드시 현금성이어야 하는 것은 아니다. 경우에 따라서는 서비스에 대한 업그레이드 혜택을 주는 것도 좋은 보상이 된다. 드롭박스(Dropbox)의 경우 친구 초대에 대한 보상을 추가적인 저장 공간을 제공하는 것으로 설계했는데, 당시 많은 사용자들의 폭발적인 참여를 이끌어냈다.

최근에는 쿠폰이나 적립금의 형태보다 실제 현금에 가까운 보상을 제공하는 사례가 늘고 있다. 지금은 종료됐지만 토스(Toss)는 '송금 지원금'이라는 기능을 통해 친구들에게 실제 소액의 현금을 선물할 수 있는 기능을 제공한 적이 있다. 초대 메시지도 '이 서비스에 가입하고 혜택을 받으세요'가 아니라 '링크를 클릭하고 친구가 보낸 돈을 받으세요'와 같은 형태로 직접적인 혜택을 더 강조했다.

그림 3-49 토스의 송금지원금 서비스

온보딩 프로세스

친구 초대 메시지를 전송하는 순간까지의 프로세스에 신경 쓰는 서비스는 많지만 막상 초대받은 친구가 메시지를 수신하고 앱을 설치하고 회원가입을 하는 온보딩 프로세스에 관심을 두는 곳은 많지 않다. 물론 친구의 추천이라는 강력한 명분이 있기 때문에 친구 초대 경로로 들어온 사람들은 일반적인 마케팅을 통해 데려온 사용자보다 가입 전환율이 높은 편이긴 하지만 온보딩 프로세스를 세심하게 설계하면 친구 초대의 효과를 크게 높일 수 있다.

에어비앤비는 친구 초대를 굉장히 적극적으로 활용하고 관련 테스트도 활발하게 진행하는 서비스로 알려져 있다. 에어비앤비는 초대받은 친구의 온보딩 프로세스 전환율이 매우 높은 것으로 알려져 있는데, 실제로 에어비앤비는 초대받은 친구의 온보딩 화면을 주제로 굉장히 많은 실험을 진행했다. 그림 3-50을 보면 첫 단계에서부터 전화번호를 입력받는 일반 가입 화면과 달리 친구 초대를 통해 가입 화면에 진입한 사용자에게는 초대한 친구의 프로필 사진과 이름, 가입 연도 등을 표시하고 할인 혜택에 대한 내용을 상단에 크게 강조한 것을 볼 수 있다.

그림 3-50 에어비앤비의 친구 초대

3) 바이럴 계수(Viral Coefficient)

추천에서 가장 핵심이 되는 지표는 바이럴 계수(Viral Coefficient)다. 각 서비스는 바이럴 계수를 통해 추천 엔진이 얼마나 효과적으로 동작하는지 확인할 수 있다. 바이럴 계수는 다음과 같은 공식을 통해 계산한다.

$$\text{바이럴 계수} = \frac{\text{사용자 수} \times \text{초대 비율} \times \text{인당 초대한 친구 수} \times \text{전환율}}{\text{사용자 수}}$$

어떤 서비스에 10,000명의 사용자가 있는데, 그중 20%인 2,000명이 인당 평균 5명씩의 친구를 초대한다고 가정해 보자. 초대받은 친구의 30%가 신규 회원으로 가입했다면 우리 서비스의 사용자는 얼마나 늘었을까? 친구 초대로 인해 새롭게 가입한 유저는 $10{,}000 \times 0.2 \times 5 \times 0.3 = 3{,}000$명이 되고, 이 경우 바이럴 계수는 $3{,}000 / 10{,}000 = 0.3$이 된다.

바이럴 계수를 구성하는 요소는 사용자 수와 초대 비율, 인당 초대한 친구 수와 전환율이다. 이를 고려한다면 바이럴 계수를 높이기 위해서는 다음 과 같은 조건이 충족돼야 한다.

- 친구 초대와 같은 추천 액션에 참여하는 사용자의 비율 높이기
- 한 사람이 평균적으로 초대하는 친구의 수 늘리기
- 초대받은 친구가 가입으로 전환되는 비율 높이기

즉, 친구 초대를 비롯한 바이럴 경로의 효과를 높이려면 위 세 가지 조건 에 대한 현재 지표를 확인하고, 무엇을 먼저 개선할지를 명확히 정의한 후, 그곳에 집중하는 것이 좋다. 사실 대부분의 서비스가 친구 초대를 통 해 증가한 회원 수는 체크하지만 막상 친구 초대 효율을 높이기 위해 무 엇부터 해야 할지 알지 못하는 경우가 많다. 초대받은 친구가 링크를 클 릭하고 들어온 회원가입 페이지에서의 전환율이 낮은 상황이라면 아무리 친구 초대 메시지를 바꿔가면서 A/B 테스트를 해 봐도 친구 초대 성과를 개선하기는 어려울 것이다.

성장하는 서비스를 만들려면 바이럴 계수가 얼마나 돼야 할까? 이론적으 로는 바이럴 계수가 1을 넘어가면 추천을 통한 신규 사용자가 기하급수적 으로 증가한다. 추천을 통해 늘어난 사용자가 다음 추천을 시작하는 모집 단이 되기 때문에 추천 시스템은 복리의 특성을 갖게 된다.

바이럴 계수를 계산할 때 고려해야 하는 몇 가지는 다음과 같다. 우선 바 이럴 계수 계산에는 바이럴을 통한 유입 회원이 늘어나는 '속도'가 고려되 지 않는다는 점이다. **추천 시스템에 대한 효과를 분석할 때는 바이럴 계 수를 구하는 것과 함께 '초대의 주기가 얼마나 빠른가?'를 꼭 고려해야 한**

다. 실제로 그림 3-51을 보면 바이럴 계수에 따른 차이가 초기에는 미미하지만 기간이 반복될수록 추천을 통해 가입하는 사용자가 기하급수적으로 증가하는 것을 확인할 수 있는데, 초대의 주기를 빠르게 만들어서 같은 기간에 더 많은 사이클을 돌릴 수 있다면 추천 효과를 극대화할 수 있을 것이다.

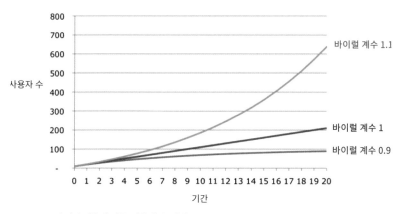

그림 3-51 바이럴 계수에 따른 사용자 수 변화

다음으로, 목표 시장에서의 포화도(Saturate) 수준을 고려할 필요가 있다. 바이럴 계수는 초대하는 사람의 입장에서 만들어 낼 수 있는 수치를 기반으로 계산되지만 실제 현실에서 초대받을 수 있는 사람은 무한하지 않기 때문이다. 바이럴 계수는 타깃 시장에 대한 포화 정도와 전혀 상관없이 계산되는 수치이기 때문에 시장의 크기나 서비스가 이미 확보한 사용자 규모 등을 종합적으로 고려해야 한다.

마지막으로 추천 단계를 통해 유입된 사용자의 장기적인 경험 수준은 바이럴 계수에 잘 드러나지 않는다는 점도 유의해야 한다. 초대받은 사람이 실제 가입까지 이어지는 비율은 확인할 수 있지만 그 이후 우리 서비스의 핵심가치를 잘 경험하고 만족했는지, 지속적으로 남아서 충성 사용자로 전환되는지 등은 바이럴 계수만으로는 체크할 수 없다. 추천 엔진이 밑 빠진 독이 되지 않으려면 추천을 통해 유입된 사용자의 전체 활동 주기에 대한 장기적인 관점이 필요하다는 점을 기억하자.

4) 추천(Referral) 정리

잘 동작하는 바이럴 루프(viral loop)를 만드는 것은 굉장히 어려운 일이다. '좋은 서비스를 만들기만 하면 사용자들이 자발적으로 친구를 초대하지 않을까?'라고 생각하고 있었다면 입장을 한번 바꿔서 생각해보자. 지금까지 주변 친구들에게 자발적으로 추천했던 서비스가 얼마나 되는가? 서비스에 만족한다고 해서 그 서비스를 주변에 적극적으로 추천한 경험이 많은가? 사람마다 다르겠지만 서비스에 만족하는 것과 서비스를 추천하는 것 사이에는 생각보다 큰 간극이 있다.

물론 추천 시스템이 잘 동작하려면 기본적으로 서비스의 완성도가 높아야 한다. 서비스가 충분히 매력적이지 않은 상태에서는 추천을 위한 기능을 아무리 잘 만들어도 바이럴 루프가 제대로 동작하지 않는다. 추천이나 친구 초대 기능에 큰 보상을 걸고 사용 동선 여기저기에서 친구 초대를 유도하면 단기적인 효과가 있을 수는 있지만 장기적으로는 사용자의 반발을 부를 수 있다. 특히 카테고리에 따라서는 추천이 서의 동작하지 않는 경우도 있으니 이 경우에는 너무 지나치게 초대 기능에 집착하지 않는 것이 좋다. 데이팅 서비스처럼 내가 특정 서비스를 사용한다는 사실을 다른 사람들에게 굳이 알리고 싶지 않은 서비스라면 아무리 좋은 조건을 걸어도 친구 초대가 활발하게 이뤄지지 않을 수도 있다.

그로스 해킹을 돈을 쓰지 않고 하는 마케팅으로 잘못 이해하는 사람들이 있는데, 이 경우 입소문을 이용한 논페이드(non-paid) 마케팅이 그로스 해킹의 전부인 것처럼 오해하게 된다. **그로스 해킹은 앞서 언급한 AARRR에 해당하는 모든 활동들을 통합적으로 지칭하는 용어이지 단순한 바이럴 마케팅 활동을 지칭하는 용어가 아니다.** 추천을 통한 바이럴 루프가 잘 동작하는 경우 서비스 규모를 키우는 데 큰 도움이 되는 것은 맞지만 이를 위해 바이럴의 기능적 요소에만 지나치게 집중하는 것은 전후가 뒤바뀐 것이다. 우선은 바이럴이 일어날 수 있을 정도로 좋은 제품을 먼저 만들고, 그다음으로 서비스를 주변에 추천할 수 있는 자연스러운 초대 맥락을 기획해야 한다.

마지막으로, 추천과 관련된 사용 플로는 필수적으로 **신규 사용자 경험**(NUX, New User Experience)과 연계된다는 점을 고려해야 한다. 그런 의미에서 추천 시스템이 잘 동작하려면 앞서 설명한 활성화(Activation) 단계가 잘 구축돼 있어야 한다. 가입과 온보딩은 유저가 우리 서비스에서 단 한 번 겪는 경험이고, 이 때문에 코호트를 나누거나 테스트를 진행하기가 쉽지 않다. 그럼에도 불구하고 이 프로세스를 꼼꼼하게 잘 설계해두면 초대받은 새 사용자의 이탈을 방지함으로써 추천의 효과를 극대화할 수 있다는 점을 꼭 기억하자.

04장

지표

4.1 지표 활용하기

1) 지표의 속성 이해하기

그로스 해킹은 결과적으로 '지표'에 관한 일이다. 그로스 해킹이라는 게 결국 목표 지표를 선정하고 그 지표를 개선하기 위해 진행하는 일련의 활동을 의미하기 때문이다.

지표를 속성에 따라 분류하면 스톡(Stock) 형태의 지표와 플로(Flow) 형태의 지표로 구분할 수 있다. **스톡은 저량(貯量) 지표라고도 하는데, 간단히 말하면 특정 시점의 스냅숏(snapshot)에 해당하는 지표를 의미한다.** 즉, 시작과 끝이라는 개념이 없고 특정한 찰나(일반적으로는 현재 시점)에 관찰할 수 있는 누적된 값이다. 그림 4-1과 같은 수조를 생각해 보자. 특정 시점에 사진을 찍어서 수조에 물이 몇 리터나 들어있는지를 측정한다면 이는 스톡 형태의 지표라고 할 수 있다. 일반적으로 사용하는 스톡 지표에는 누적 가입자 수, 누적 거래액, 레벨 1인 사용자 수와 같은 지표가 있다.

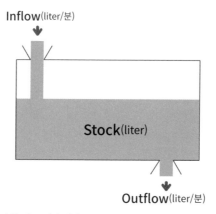

그림 4-1 스톡(Stock)과 플로(Flow)의 이해

스톡이 저량이라면 반대로 플로는 유량(流量)이라고 할 수 있다. **플로는 시작과 끝에 대한 시간 범위가 존재하며, 일정한 시간 동안의 변화량을 나타내는 지표다.** 1월 1일의 가입자 수(1월 1일 0시부터 1월 1일 24시라는 시간 범위가 존재한다), 2월 1일 하루 매출, 일 평균 주고받은 메시지 수 등이 대표적인 플로 지표다.

사용 맥락에 따라 달라질 수 있지만 일반적으로는 플로 형태의 지표가 스톡 지표에 비해 더 많은 정보를 가지고 있다. 플로는 특정 기간의 변화에 초점을 맞추고 있으므로 지표의 변화 방향이나 변화 추이, 속도에 대해 더 많은 세부적인 정보를 줄 수 있기 때문이다. 단순 누적량을 보여준다는 측면에서 스톡에 해당하는 많은 지표들은 허무 지표(Vanity metric)에 가깝다. 물론 스톡 지표라고 해서 모두 쓸모 없는 허무 지표라고 볼 수는 없다. 누적된 데이터 자체가 서비스 안에서 유의미한 자산으로 활용된다면 이 경우에는 스톡 지표가 핵심 지표로 활용되기도 한다. 링크드인의 누적 프로필 수, 멜론의 누적 보유곡 수, 마이리얼트립에서 현재 판매 중인 여행 상품 수와 같은 지표들은 스톡에 해당되는 지표지만 동시에 서비스의 핵심 자산에 해당하는 중요한 지표라고 볼 수 있다.

핵심 지표를 선정하거나 그로스 실험의 성과를 측정할 때는 목표로 하는 지표가 스톡인지 플로인지를 정확히 구분해서 활용해야 한다. 지표의 속성에 따라 지표를 모니터링하는 방식이나 대시보드 설계 등이 전혀 달라질 수 있기 때문이다. 실제로 데이터 분석가를 괴롭히는(!) 흔한 방법 중 하나는 스톡 지표를 플로 형태로 뽑아 달라거나 플로 지표를 스톡 형태의 대시보드에 추가해 달라고 요청하는 것이다.

2) 지표를 명확하게 정의하기

'우리 서비스의 MAU가 얼마인가요?'

데이터 분석팀에서 일하면서 가장 난감했던 경우는 '모호한' 지표를 확인해 달라는 요청을 받는 것이었다. 위처럼 MAU를 묻는 질문도 '난감한' 질문 중 하나에 속한다. MAU(Monthly Active User)의 개념적 정의는 명확하지만 실제로 MAU를 측정하는 구체적인 조작적 정의(Operational Definition, 객관적이고 측정 가능한 기준으로 기술한 정의)가 명확하지 않다면 어떤 기준으로 MAU라는 숫자를 구해야 하는지가 불분명하기 때문이다. 안타깝게도 현실에서 많은 데이터 분석가들이 이러한 불분명한 요청을 받고 있다. 실제로 데이터 분석가들이 데이터 추출 요청 업무를 진행할 때 가장 많은 시간을 사용하는 부분은 데이터를 추출하기에 앞서 요청 사항을 구체화하는 과정이다. 사실 요청 자체가 명확하면 그 이후 데이터 추출 과정은 상대적으로 수월하게 진행되는 경우가 많다.

다시 위 질문으로 돌아가서 MAU에 대한 조작적 정의를 생각해 보자. MAU를 최근 30일간 우리 서비스에 로그인한 사용자라고 정의하면 될까? 만약 그렇다면 단순히 방문만 한 사용자들은 집계되지 않는다. 이 같은 정의에 따르면 회원 가입을 하지 않고 서비스를 둘러보다가 이탈한 사용자, 혹은 이전에 회원 가입을 했더라도 최근 한 달 사이에 방문만 하고 로그인하지 않은 사용자들은 MAU에 포함되지 않을 것이다. 로그인과 상관없이 방문한 사용자 전체를 MAU로 집계하는 건 어떨까? 이 경우에는 한 사용자가 앱과 웹 양쪽으로 방문했다면 이를 1명으로 세어야 할까? (크로스 플랫폼에 대한 사용자 식별 기술들이 발전하고 있긴 하지만 이 부분은 여전히 까다로운 문제다.) 한 사람이 여러 브라우저를 통해 접속하는 경우 이를 어떻게 구분할 수 있을까? 오전에는 모바일 앱으로 접속하고 오후에는 PC 웹으로 접속한 동일 사용자를 MAU에서 1명으로 세어야 할까?

당연한 말이지만 MAU를 집계하려면 MAU를 어떻게 측정할지에 대한 명확한 기준이 있어야 한다. 놀랍게도 많은 서비스에서는 이 과정을 생략한 채 그때그때 서로 다른 기준에 따라 지표를 집계하고 활용하는데, 이 때문에 같은 서비스를 이용하는 사람들 사이에서도 지표에 대해 서로 다르게 생각하는 경우가 매우 빈번하게 발생한다. 실제로 이러한 기준 자체가 서비스마다 다르기 때문에 데이터 분석 툴에서 보여주는 활성 사용자 지표도 모두 다르게 나타나는 것이 당연하다. 구글 애널리틱스에서 보는 28일 활성 사용자, 파이어베이스 애널리틱스(Firebase Analytics)에서 보는 MAU, 자체 데이터베이스에서 집계하는 로그인 유저, 앱스플라이어 등의 또 다른 서드파티 서비스에서 집계하는 MAU 숫자는 모두 제각각이다. 이 가운데 어떤 수치를 우리 서비스의 MAU라고 할 수 있을까?

MAU가 아닌 다른 지표들은 어떨까? 가령 우리 서비스의 결제 전환율을 어떻게 측정할 수 있을까?

결제 전환율을 개념적으로 이해하는 것에는 별 문제가 없지만, 마찬가지로 이를 측정하기 위한 조작적 정의가 명확하지 않다면 사람마다 결제 전환율이라는 용어를 전혀 다르게 이해힐 수 있다.

- 결제한 회원 수 / 누적 가입자 수
- 오늘 결제한 회원 수 / 오늘 로그인한 회원 수

- 오늘 결제한 회원 수 / 오늘 접속한 유저 수

- 오늘 가입 & 결제한 회원 수 / 오늘 가입한 회원 수

- 결제한 회원 수 / 결제하기 버튼을 클릭한 회원 수

- 결제 세션 수 / 결제하기 버튼 클릭 수

- …

이 중에서 어떤 기준이 결제 전환율을 측정하는 데 가장 적합하다고 생각하는가? (다른 사람들도 그렇게 생각할 것 같은가?)

사실 이 질문에는 정해진 답이 없다. 똑같은 지표라고 해도 회사나 서비스마다 중요하게 생각하는 부분이 다를 수 있고, 그에 따라 더 적합한 측정 기준이 있을 수 있다. **이 단계에서 필요한 것은 원칙을 세우는 일이다.** 즉, 전사적으로 MAU나 결제 전환율이라는 지표를 어떤 방식으로 측정해서 관리할지에 대한 공감대를 형성하고 모든 구성원이 동의할 수 있는 명확한 측정 기준을 정의해야 한다. 실제로 많은 회사들이 지표를 활용할 때 부딪히는 첫 번째 문제는 특정 지표에 대해 구성원들이 서로 다른 기준과 의미로 이해한 채 커뮤니케이션한다는 점이다. 실제로 동료들과 지표에 대해 이야기해 보면 굉장히 명확하게 알고 있다고 생각한 지표에 대해서도 서로 전혀 다른 기준을 가지고 있었다는 사실을 발견하고 놀라는 경우가 많다.

MAU나 결제 전환율처럼 상대적으로 명확해 보이는 지표들도 이처럼 미스커뮤니케이션 되는 경우가 많다는 점을 감안하면 각 서비스별로 자체적으로 만들어서 관리하는 지표에 대해서는 조작적 정의가 잘 안 돼 있을 가능성이 훨씬 더 크다. 이와 관련된 개인적인 경험을 하나 소개한다.

내가 마이리얼트립에 처음 합류하면서 받은 미션 중 하나는 **크로스셀** (cross-sell, **교차구매**) 비율을 높이는 것이었다. 마이리얼트립은 항공-숙박-교통-투어-티켓-액티비티-여행자보험에 이르는 여행의 모든 카테고리를 다루는 여행 슈퍼-앱(Super App)을 지향한다. 이런 사업 모델에서는 사용자가 여행 상품을 예약할 때 다양한 카테고리의 상품을 교차구매하는 것이 굉장히 중요하다. 항공권을 예약한 고객이 숙소나 교통패스, 투어, 여행자보험 등 추가적인 여행 상품을 교차구매한다면 회사는 매출 규모를 키울 수 있고, 고객 입장에서도 더 편리하고 풍성한 여행 경험을 할 수 있다. 특히 여행 자체가 점차 개인화돼 가는 것을 감안하면 이러한 교차구매의 중요도는 그 어느 때보다도 높다고 볼 수 있다. 똑같이 파리에 가는 사람이라고 하더라도 에펠탑과 루브르 박물관을 보길 원하는 사람과 현지인과 로컬 음식에 관심이 많은 사람은 기대하는 여행 형태가 다르기 때문이다. 개개인이 관심을 가질 만한 여행 상품을 적절히 잘 추천해서 교차구매를 일으킬 수 있다면 여행자 입장에서도 더 만족스러운 여행이 될 가능성이 높아진다.

지표를 개선하기 위해서는 측정할 수 있어야 하고, 측정하기 위해서는 해당 지표에 대한 조작적 정의가 필요하다. '*항공권을 예약한 사람이 호텔도 예약하면 크로스셀*'이라는 개념적 정의는 있었지만 막상 크로스셀 비율을 집계하려고 하니 굉장히 많은 경우의 수를 고려해야 했다.

- 런던 항공권을 산 사람이 런던 호텔을 사면 크로스셀인가? (그런 것 같다)
- 런던 항공권을 산 사람이 파리 호텔을 사면 크로스셀인가?
- 런던 항공권을 산 사람이 파리 호텔과 런던-파리 유로스타 티켓을 사면 크로스셀인가?

- 1월에 런던 항공권을 산 사람이 7월에 파리 투어를 사면 크로스셀인가?
- '10월에 출발하는 런던 항공권'을 1월에 산 사람이 '10월에 런던에서 하는 투어'를 9월에 사면 크로스셀인가?
- 런던 항공권을 샀다가 취소한 사람이 런던 호텔을 사면 크로스셀인가?
- 런던 야경투어를 산 사람이 런던 박물관 투어를 사면 크로스셀인가?
- 런던 야경투어를 산 사람이 그 다음날 똑같은 투어를 하나 더 사면 크로스셀인가?
- ...

앞서 언급한 것처럼 이러한 질문에는 정답이 없다. 대신, 지표에 대한 조작적 정의를 하기 위해서는 이러한 질문을 바탕으로 '우리가 크로스셀이라고 판단하는 기준이나 원칙을 어떻게 세울 것인가?'에 대해 답할 수 있어야 한다. 실제로 입사 초기에 크로스셀을 집계하는 데 사용할 전사적인 기준을 만들기 위해 위와 같은 질문 리스트를 들고 회사의 경영진과 각 팀 리더들을 찾아다니면서 의견을 듣고 조율하는 과정을 길게 거쳤던 기억이 난다. 누구에게는 런던 항공권 산 사람이 파리 호텔을 산 것이 크로스셀이지만 다른 사람에게는 크로스셀이 아니었다. 서로 생각하는 기준을 공유하고, 조율하고, 질문하고, 답변하는 과정을 통해 크로스셀이라는 개념을 점점 구체화할 수 있었고 결과적으로는 모두가 공감하는 기준을 만들 수 있었다. 이러한 과정을 거쳐서 크로스셀을 측정하는 기준이 사내에서 명확히 정리된 이후에는 그 기준에 따라 현재의 크로스셀 지표를 구하고 목표 수준을 정할 수 있었다. 이처럼 **지표를 기반으로 성장 실험을 할 때는 해당 지표를 어떻게 정의하고 측정할 것인가를 반드시 짚고 넘어가야 한다. 모호한 지표는 모호한 액션을 이끌 수밖에 없기 때문이다.**

3) 허무 지표에 빠지지 않기

좋은 지표가 가져야 할 조건 중 하나는 그 지표를 바탕으로 행동할 수 있어야 한다(actionable)는 것이다. 지표가 주는 정보를 기반으로 다음 행동을 계획할 수 있고, 계획에 따라 실험을 진행한 이후에 그 결과를 돌아보며 배움을 얻을 수 있다면 굉장히 의미 있는 지표라고 할 수 있다.

반대로 행동을 이끌어내지 못하는 의미 없는 지표도 있다. 이런 유형의 지표를 허무 지표(Vanity metric) 혹은 허상 지표라고 한다. 단순히 시간이 흐르면서 자연스럽게 높아지는 지표, 실제로 중요한 수치와는 크게 상관이 없는 지표, 단순히 많은 일을 했다는 것을 드러내기 위한 지표가 여기에 속한다. 허무 지표는 서비스가 올바른 방향으로 가고 있는지에 대한 정보를 거의 주지 못한다. 앞서 지표의 속성을 스톡과 플로로 구분해서 설명했는데, 스톡 지표의 경우 특별한 맥락에서 사용되는 일부를 제외하면 허무 지표인 경우가 많다.

많이 사용되는 주요 허무 지표의 예를 들면 다음과 같다.

- 누적 다운로드
- 누적 앱 설치
- 누적 방문자
- 페이지 뷰

많은 조직들이 실제 서비스의 성공/실패와는 거의 상관없는 이러한 허무 지표를 잔뜩 모아서 보고서를 작성하거나 업무 리뷰를 하는 데 활용한다. 이러한 허무 지표는 쉽게 변화시킬 수 있는 경우가 대부분이고 겉으로는 많은 일을 한 것처럼 포장할 수 있다는 특성이 있다. (가령 앱 설치'만' 시키는 게 목적이라면 정말 저렴한 비용으로 CPI(Cost Per Install)에 초점을 맞춘 마케팅을 할 수 있다. 하지만 앱 설치 이후 가입 전환이나 충성 고객 전환은 전혀 다른 이야기다.) 이러한 유형의 지표가 전혀 의미가 없다고는 할 수 없지만 허무 지표에 필요 이상으로 의미를 부여하거나 이를 측정하고 관리하기 위해 많은 리소스를 사용하는 것은 굉장히 잘못된 행동이다.

습관적으로 허무 지표를 관리하는 가장 일반적인 사례는 '주간 업무 보고'다. 많은 조직에서 주간 업무 보고 문서를 정리하기 위해 정기적으로 많은 시간과 노력을 투자한다. 하지만 이러한 주간 업무 보고가 의미 있게 활용되는 조직은 많지 않다. 주간 보고에 정리된 지표 기반으로 실질적인 행동이 잘 이어지는 조직은 드물다. 많은 조직에서는 '우리가 이만큼 열심히 일했다' 혹은 '우리가 이번주에 놀지 않았다'는 것을 보여주기 위해 주간 업무 보고를 작성한다. 만약 주간 업무 보고를 팀의 막내 직원이 전담해서 작성하고 있거나 최근 6개월 이상 주간 업무 보고 포맷이 전혀 달라지지 않았다면 주간 업무 보고가 허무 지표로 가득 차 있을 확률이 매우 높다. (시간이 지나고 서비스가 성장하거나 시장 환경이 달라짐에 따라 중요한 지표는 달라지기 때문이다. 이에 대해서는 이후 OMTM을 다루는 절에서 자세히 설명하겠다.)

4) 전체 관점에서의 최적화

지표를 활용할 때 또 한 가지 주의해야 하는 점은 **지표를 개선하기 위한 행동이 부분 최적화가 아닌 전체 관점에서의 최적화에 초점을 맞춰야 한다는 점이다.** 잘못된 최적화의 예시로는 특정 페이지의 CTR(Click Through Rate)에만 집중하다가 전체 퍼널에서의 전환율이 떨어지거나 퍼포먼스 광고의 CPC(Cost Per Click)에만 집중하다가 전체 광고의 성과가 낮아지는 것 등을 들 수 있다. 특히 팀 간 업무 영역이 명확하게 구분된 회사에서 모두 각자의 영역만 신경 쓰고 전체를 조율하는 역할이 없는 경우 이런 문제가 종종 발생한다.

예를 들어, 그림 4-2와 같은 광고가 있다고 생각해 보자.

CPC 1000원　　　　　　　　　　CPC 500원

어떤 광고가 더 효율적일까?

그림 4-2 광고 성과 비교

왼쪽 페이스북 광고의 클릭당 비용(Cost Per Click, CPC)은 1,000원이고, 오른쪽 배너 광고의 클릭당 비용은 500원이라고 가정하자. 과연 어떤 광고의 성과가 더 좋다고 할 수 있을까? 일반적으로 광고 성과를 측정할 때 CPC는 낮을수록 좋은 것으로 판단한다. 같은 비용으로 더 많은 클릭을 끌어낼 수 있기 때문이다. 하지만 오른쪽 배너 광고의 CPC가 낮다고 해서 이 광고의 성과가 더 좋다고 이야기할 수 있을까? 이 경우 단편적으로 드러나는 CPC만으로 광고 성과를 판단하는 것은 적절하지 않다. 왼쪽 페이스북 광고에서 발생하는 클릭과 오른쪽 배너 광고에서 발생하는 클릭은 그 가치가 다르기 때문이다. 왼쪽 페이스북 광고는 실제 상품에 관심을 가진 사람들이 더 많은 정보를 보기 위해 클릭했을 확률이 높다. 그렇다면 오른쪽 배너 광고를 클릭한 사람도 상품에 관심을 가진 사람들일까? 오히려 기사를 읽기 위해 배너를 닫으려고 하다가 버튼을 잘못 클릭해서 광고를 클릭하는 사람들이 더 많지 않을까? 사실 이러한 판단 오류를 방지하기 위해서 마케터는 광고 관리자 화면에서 볼 수 있는 지표와는 별개로 광고가 노출되는 지면의 형태, 그리고 해당 지면을 많이 방문하는 사용자의 특성을 알고 있어야 한다. 이처럼 단순히 클릭율이나 클릭당 단가라는 부분 최적화 지표에 매몰되면 전체 관점에서의 최적화를 놓칠 수 있다는 점에 주의하자.

클릭이 아니라 구매 전환 성과를 측정할 수 있는 ROAS를 기준으로 마케팅 성과 판단을 하면 이런 문제가 해결될까? 단순히 클릭율이나 CPC만 볼 때보다는 더 넓은 시야로 성과를 분석할 수 있지만 ROAS라고 해서 광고 성과를 판단하는 데 절대적으로 옳은 기준은 아니다. 앞서 고객 유치를 설명한 3장에서 어트리뷰션 윈도우를 살펴본 것과 유사하게 ROAS를 측정하는 데 기준이 되는 매출도 집계 기간을 어떻게 잡느냐에 따라 완전히 달라질 수 있다. 광고를 클릭하고 들어온 해당 세션의 매출만 인정할지, 그 이후 꾸준히 활동하면서 발생시키는 모든 LTV를 다 집계해서 계산할지에 따라 ROAS를 계산하는 기준도 달라진다. 또한 결제 후 취소된 내역을 반영할 것인지, 제품 원가를 어떤 식으로 고려할지 등도 ROAS를 기반으로 한 마케팅 성과 측정에 영향을 주는 요소다. 결국 마케팅의 성과를 전체 관점에서 측정하고 최적화하려면 한두 개의 지표 움직임으로 판단하는 것이 아니라 해당 마케팅을 통해 우리 서비스의 신규 고객 유치나 매출 상승에 어떤 효과가 있었는지를 여러 가지 시나리오와 지표를 바탕으로 종합적으로 판단하고 의사결정하는 것이 필요하다.

전체 최적화 문제는 광고 외에도 폭넓게 고려해야 한다. 앞서 활성화(Activation) 개선에 관해 논의할 때 적절한 수준의 개입이 도움이 될 수있다고 언급했는데, 이러한 장치들이 잘못 활용되면 부분 최적화 지표는좋아지지만 전체 최적화에는 나쁜 영향을 줄 수 있다. 페이스북 메신저에는 '손 흔들기'라는 기능이 있다. 새롭게 연결된 사람들과 가볍게 안부 인사를 나눌 수 있도록 만든 기능이다. 손 흔들기를 통해 대화가 시작되면페이스북 메신저에 대한 활성화를 유도할 수 있기 때문에 페이스북에서는간단한 클릭을 통해 손을 흔들 수 있게 지원한다. 문제는 손 흔들기 버튼의 위치가 사람들이 브라우징을 하다가 실수로 누르기 쉬운 위치에 있다는 점이다. 실제로 검색해보면 실수로 클릭한 손 흔들기로 겪은 불편한 경험을 이야기하는 글을 어렵지 않게 찾아볼 수 있다.[22]

그림 4-3 페이스북 손 흔들기에 대한 불편함을 언급한 트윗들

22 https://www.somersetlive.co.uk/news/uk-world-news/facebook-wave-button-undo-user-244662

개인적으로는 텔레그램(Telegram)이라는 메신저를 사용할 때도 비슷한 경험을 한 적이 있다. 텔레그램에서는 주소록에 있는 친구가 텔레그램에 가입할 때마다 대화방으로 알림 메시지가 전송된다. 이 메시지는 친구가 직접 보낸 메시지도 아니고, 주소록에 있는 친구라고 해도 모두 다 메신저로 가깝게 대화할 상대는 아니어서 실제로 아무 효용이 없었다. 하지만 수십 명의 친구들이 한 명 한 명 가입할 때마다 텔레그램은 매번 똑같은 알림 메시지를 발송했다. 사용자 입장에서는 이 기능이 너무 불편해서 나중에는 텔레그램을 삭제하는 데 크게 영향을 미쳤다. 텔레그램은 사용자들이 이 기능을 불편해한다는 것을 몰랐을까? 모르긴 몰라도 어느 정도의 불편함을 줄 수 있다는 점을 알고 있었을 것이다. 하지만 동시에 이 기능을 통해 텔레그램 앱에 접속하는 사용자 수도 적지 않았을 것이다. 개인적으로 텔레그램의 알림 메시지를 받고 불편하다는 생각이 들 때마다 동시에 텔레그램 입장에서는 이 기능을 통해 DAU가 어마어마하게 늘지 않았을까, 라는 생각이 들어서 쓴웃음을 지었던 기억이 난다. 물론 그 DAU가 모두 충성 사용자는 아니었겠지만 말이다.

이처럼 간단한 넛지(nudge)를 이용하는 활성화 전략은 많은 서비스들이 적극적으로 도입하고 있고, 대부분 DAU를 증가시키는 데는 거의 무조건 도움이 된다. 하지만 이러한 방법을 통해 DAU가 증가하는 것을 무조건 긍정적으로 볼 수 있을까? 이 기능으로 인한 사용자 만족도도 함께 증가할까? 잔존율이나 수익에 장기적으로 긍정적인 영향을 미칠까? 전체 최적화의 관점에서 고민해 봐야 할 질문이다.

5) 심슨 패러독스(Simpson's Paradox)

데이터와 지표가 있다고 해도 이를 정확하게 해석하고 의사결정을 내리는 것은 생각보다 간단하지 않다. 코호트 분석, A/B 테스트, 퍼널 분석 등 데이터를 통해 유의미한 인사이트를 찾아내는 방법에는 공통점이 있다. 바로 데이터를 '쪼개서' 살펴본다는 점이다. **전체 데이터를 놓고 보면 잘 드러나지 않는 특성들이 쪼개진 상태에서는 명확하게 드러나는** 경우가 많은데, 이처럼 로 데이터를 분석 과정에서 어떤 식으로 가공하느냐에 따라 데이터에서 얻는 인사이트가 완전히 달라질 수 있다.

데이터를 쪼개서 보는 것과 관련해서 통계학에서 '심슨 패러독스'라고 부르는 재미있는 개념이 있다. **심슨 패러독스란 쪼개진 데이터에서 성립하는 관계가 합쳐진 데이터에서는 반대로 나타나는 현상을 말한다.** 널리 알려진 사례 중 하나는 UC 버클리(University of California, Berkeley)의 1973년 대학원 입시와 관련된 해프닝이다.

1973년 가을, UC 버클리의 입시 결과를 놓고 소송이 제기됐다. 소송을 건 학생은 대학 측이 합격자 선발 과정에서 여학생들을 부당하게 차별했다고 주장했는데, 실제 입시 결과를 보면 남학생의 경우 지원자의 44%가 합격 통보를 받았지만 여학생들은 지원자의 35%만이 합격 통보를 받은 것으로 나타났다. 우연으로 보기에는 큰 차이인데(실제로 이 데이터를 기반으로 카이 제곱 검증을 하면 성별에 따른 합격률이 통계적으로 유의미한 차이가 있는 것으로 나온다) 과연 UC 버클리는 정말로 입시에서 여학생들을 차별한 것일까?

1973년 UC Berkeley

학교가 부당하게 여학생들을 차별한 것일까?

	지원자수	합격자수	입학률
남학생	8,442	3,714	44%
여학생	4,321	1,512	35%

그림 4-4 1973년 UC 버클리 입시 결과

놀랍게도 입시 데이터를 학과별로 쪼개서 살펴보면 전혀 다른 패턴이 발견된다. 전체 85개 학과 중 남학생의 합격률이 통계적으로 유의미하게 높은 학과는 4개에 불과했으며, 오히려 학과별로 데이터를 쪼개서 보면 통계적으로는 여학생들의 입시 성과가 더 좋았다. (사실 대부분의 학과에서 성별에 따른 합격률은 통계적으로 유의미한 차이를 보이지 않았다.)

모집인원이 많은 주요 학과에 대한 입시 결과가 그림 4-5에 나와 있는데, 개별적으로는 여학생들의 합격률이 더 높은 학과가 많은데도 6개 학과의 결과를 합산해서 보면 44% 대 30%로 여학생들의 합격률이 현저하게 낮은 것을 확인할 수 있다.

학과	남성			여성		
	지원자수	합격자수	입학률	지원자수	합격자수	입학률
A	825	512	62%	108	89	82%
B	560	353	63%	25	17	68%
C	325	120	37%	593	202	34%
D	417	137	33%	375	131	35%
E	191	53	28%	393	94	24%
F	373	22	6%	341	24	7%
...						
	2691	1197	44%	1835	557	30%

그림 4-5 학과별로 쪼개서 본 입시 결과

이러한 현상이 발생하는 이유는 경쟁률이 높고 합격률이 낮은 학과(C학과, E학과)에 여학생들이 상대적으로 많이 지원했기 때문이다. 반대로 이야기하면 합격률이 높은 학과에 지원한 여학생들이 상대적으로 적기 때문에 전체 여학생의 합격률이 낮아졌다고 할 수 있다. 즉, 합격률이 낮은 과에 지원했다가 불합격한 지원자 수가 전체 여학생 지원자 그룹에서 높은 비율을 차지하면서 여학생들의 전체적인 합격률을 끌어내리는 효과를 가져왔다. 학과별로 합격률이 일정하지 않은 상황에서 특정 학과로의 지원 쏠림 현상이 발생하는 경우 이처럼 전체 결과의 경향성이 부분 결과의 경향성과 일치하지 않을 수 있다. 심슨 패러독스를 보여주는 대표적인 사례다.

서비스 데이터를 분석할 때도 이처럼 단순히 전체 데이터만 놓고 비교하는 경우 유의미한 결과를 놓치거나 나아가서는 데이터를 완전히 잘못 해석하는 사례가 얼마든지 발생할 수 있다. 실제로 마이리얼트립에서 크로스셀 개선 업무를 진행하면서 경험했던 심슨 패러독스의 현실 버전을 하나 소개한다.

마이리얼트립에서는 앞서 소개했던 것처럼 크로스셀 지표의 조작적 정의를 마친 다음, 사내에 별도 TF(Task Force)를 만들어서 크로스셀을 위한 다양한 실험을 진행했다. 처음에는 일정 기간 시행착오를 겪기도 했지만 실험을 진행하면서 점진적으로 크로스셀 비율이 높아지는 추이가 나타났다. 하지만 어느 순간부터는 진행하는 실험들의 성과가 나타나지 않았다. 심지어 열심히 가설을 세워서 실험을 진행해봐도 오히려 크로스셀 비율이 하락하는 결과가 나오는 상황이 지속됐다.

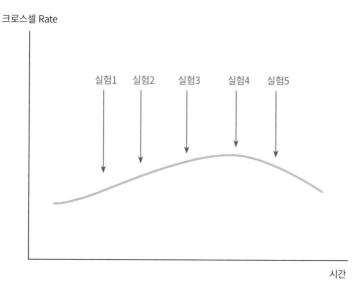

그림 4-6 크로스셀 지표 추이

크로스셀 지표가 하락하는 이유를 여기저기서 찾아봤지만 뾰족한 답이 나오지 않았다. 실험의 성과가 없는 건 그럴 수 있다고 하더라도 실험을 하면 할수록 크로스셀 비율이 낮아진다는 사실은 굉장히 당혹스러웠다. 혹시나 해서 데이터를 쪼개서 보다가 굉장히 인상적인 패턴을 발견할 수 있

었다. 전체 데이터로 봤을 때와는 달리 국가별로 쪼개서 본 크로스셀 비율
은 대부분의 나라에서 꾸준히 증가하고 있었던 것이다.

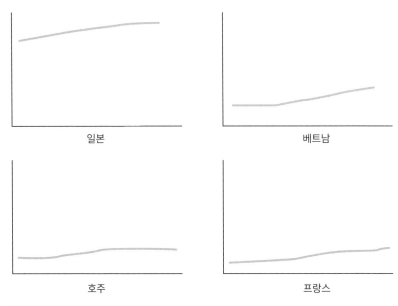

그림 4-7 국가별 크로스셀 지표 추이

국가별 크로스셀 비율은 꾸준히 증가하고 있는데 왜 전체 크로스셀 비율
은 낮아졌을까? 그 이유가 그림 4-8에 나타나 있다. 국가별로 보면 모두
전월에 비해 크로스셀 비율이 증가했지만 크로스셀 비율이 높았던 일본
여행이 전체에서 차지하는 비중이 줄어들면서 전체 국가를 기준으로 한
크로스셀 비율이 전월 대비 하락한 것이다. 실제로 한일 외교 갈등으로
인해 일본 불매운동이 벌어졌던 시점에 일본 여행 수요가 큰 폭으로 줄어
들었는데, 이로 인해 생각지도 못했던 크로스셀 지표에 큰 영향을 준 사
례였다. 만약 데이터를 쪼개서 보겠다는 생각을 하지 못했다면 원인을 찾
는 데 훨씬 오랜 시간이 걸렸을 것이다.

나라	지난달			이번달		
	N	크로스셀	Rate	N	크로스셀	Rate
일본	1000	700	70%	500	375	75%
베트남	200	60	30%	400	140	35%
프랑스	150	30	20%	300	75	25%
호주	100	15	15%	300	60	20%
	1450	805	56%	1500	650	43%

그림 4-8 국가별 크로스셀 지표 상세 보기

6) 대푯값을 사용할 때 주의해야 할 점

데이터 분석에서 가장 일반적으로 활용되는 대푯값은 평균이다. 하지만 평균이 과연 모든 경우에 최선인 대푯값이라고 할 수 있을까?

데이팅 서비스의 리텐션을 높이기 위한 프로젝트를 진행했던 적이 있다. 접속 데이터를 확인해보니 회원 가입 후 첫 한 달 이내에 이탈하는 사용자가 굉장히 많았다. 이탈의 원인을 찾기 위해 여러 가설들을 세워서 데이터를 살펴보기 시작했는데, 많은 사람들이 동의했던 가설은 '첫 한 달 동안 커플 연결이 안 됐기 때문에 실망하고 나가는 사용자들이 많을 것이다'였다. 하지만 실제로 데이터를 확인해 본 결과, 첫 한 달 동안 이탈하는 사람들의 평균 커플 연결 횟수는 평균 2.3회로 나타났다. 한 달 동안 평균 2회 이상 커플 연결이 됐다면 연결 실패로 인한 이탈은 아닐 거라는 생각이 들었다. 그 이후 이탈에 영향을 미칠 만한 다른 변수를 열심히 조사하기 시작했다. 나이, 성별, 지역, 첫 소개팅 상대에 대한 점수, 응답률 등 엄청나게 많은 변수들을 하나하나 조사해 봤으나 뾰족한 결과가 나오지 않았다.

결론부터 이야기하면 이탈에 영향을 미친 중요한 변수는 예상대로 커플 연결 횟수가 맞았다. 사용자들이 한 달 동안 평균 2.3회나 연결됐는데 왜 이탈을 하게 됐을까? 그래프를 그려서 확인해 보니 평균이 설명해주지 못 한 중요한 사실을 알 수 있었다. 가입 후 1개월간 커플 연결 횟수에 대한 그래프를 그려본 결과는 그림 4-9와 같았다.

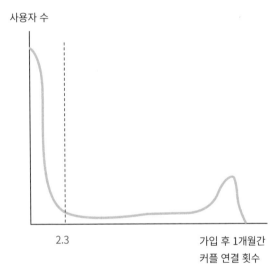

그림 4-9 데이팅 서비스의 커플 연결 횟수

이탈하는 대부분의 사용자는 한 달 동안 단 한 번도 커플 연결이 되지 않 았다. 절대다수의 사용자는 커플 연결 횟수가 0이었다. 다만 인기 있는 소 수의 사용자는 한 달 동안 엄청나게 많이 커플 연결에 성공했다. 외모가 매력적이거나 좋은 조건을 가진 소수의 사용자는 거의 한 달 내내 커플 연 결이 되기도 했다. 결과적으로 한 달 동안 커플 연결 횟수가 0인 대다수의 사용자는 서비스에 실망해서 이탈하고, 커플 연결 횟수가 30회에 가까운 소수의 사용자는 그 사이에 남자친구나 여자친구를 만들었기 때문에 이탈하고 있었다. 이 모든 사용자들의 커플 연결 횟수를 평균으로 계산하면 2.3회가 나온다. 물론 평균값으로 구한 2.3이라는 수치는 이 두 그룹 중 어느 쪽도 대변하지 않는 이상한 숫자다. 애초에 데이터의 분포가 매우 극단적이었고 이 경우 평균은 적절한 대푯값이 아니기 때문이다.

데이터가 정규분포에 가까우면 평균을 대푯값으로 사용해도 별문제가 없지만 데이터가 정규분포가 아니거나 아웃라이어(outlier, 이상치)가 있는 경우 평균은 그 데이터를 대표하지 못하는 경우가 많다. 실제로 통계학에서는 중앙값(median, 주어진 값들을 크기순으로 정렬했을 때 가장 중앙에 위치하는 값)이나 최빈값(mode, 주어진 값 중에서 가장 자주 나오는 값) 같은 다양한 대푯값들을 데이터 특성에 맞게 사용한다. **분석 대상 데이터 세트에 아웃라이어가 있거나 분포를 알 수 없는 경우라면 중앙값(median)을 대푯값으로 사용하는 것을 적극적으로 고려해 볼 필요가 있다.** 중앙값은 평균보다 훨씬 더 안정적(robust)이며, 몇 개의 아웃라이어가 있다고 해도 흔들리지 않는다.

아웃라이어가 있을 때 평균이 흔들리는 케이스는 굉장히 흔히 볼 수 있다. 한 가지 사례를 더 소개한다. 여행자들에게 여행자보험을 추천하기에 가장 적합한 시기는 여행일로부터 며칠 전일까? 실제로 이 질문에 대한 답을 찾기 위해 여행자보험 예약 시점에 대한 데이터를 분석한 적이 있다. 여행일을 기준으로 평균적으로 며칠 전에 여행자보험을 예약하는지를 계산한 결과, 여행자보험 평균 예약 시점은 여행일로부터 14일 전인 것으로 나타났다. 데이터를 참고해서 여행 2주 전을 타깃으로 여행자보험 추천 시나리오를 만들면 되겠다고 생각하고 막 퇴근하려고 하는데 느낌이 좀 이상했다. '보통 여행자보험을 여행가기 2주 전부터 미리 준비하는 게 일반적일까? 사람들이 그렇게까지 부지런하지 않은 것 같은데?'

여행자보험 데이터로 예약 시점 그래프를 그려보니 마찬가지로 '평균'이 가지는 함정을 찾을 수 있었다. 대부분의 여행자들은 여행 직전에 여행자보험을 예약하지만 일부 소수의 여행자들은 여행일을 한참 남겨두고 미리 여행자보험을 예약했는데, 이 때문에 여행자보험 예약 시점과 여행일 간의 시차가 크게 나타난 것이다. (굉장히 준비성이 철저한 사람들은 여행 6개월 전에 여행자보험을 예약하기도 한다!)

예약자 수

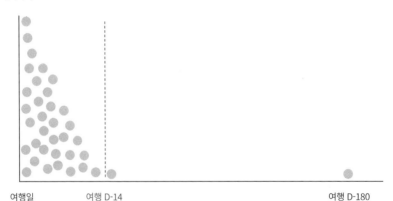

여행일   여행 D-14   여행 D-180

그림 4-10 여행자보험 예약 시점 데이터

이처럼 데이터의 대푯값을 정하기에 앞서 그 분포를 확인하는 것은 굉장히 중요하다. 일반적으로는 산점도(Scatter Plot)나 상자-수염 그림(Box-and-whisker plot)을 간단히 그려보는 것만으로도 데이터가 어떤 분포를 보이는지, 변수 간 상관관계가 있는지, 아웃라이어가 있는지 등을 눈으로 쉽게 확인할 수 있다. 실제로 많은 사람들이 데이터 시각화는 모든 분석이 다 끝나고 예쁜 보고서를 만들 때 필요한 것이라고 오해하는 경우가 많은데, 실제 **데이터 시각화는 분석을 막 시작하는 시점에 해당 데이터셋이 어**

떻게 구성돼 있는지 확인하는 탐색적 분석 과정에서 훨씬 더 유용하게 활용된다. 데이터 분석을 할 때는 이런저런 분석 기법을 적용하기에 앞서 수집된 데이터의 구조와 형태, 분포 등을 다각도로 확인하는 탐색적 데이터 분석(EDA, Exploratory Data Analysis) 과정을 충분히 거쳐야 한다.

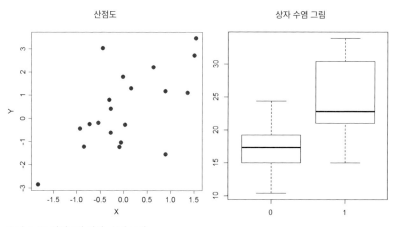

그림 4-11 산점도와 상자-수염 그림

7) 생존자 편향(Survivorship bias) 피하기

데이터를 분석하기에 앞서 꼭 체크해야 하는 점은 '수집된 데이터가 분석하려는 목적에 적합한가?'다. 데이터 분석 분야에서 흔히 사용되는 용어 가운데 'Garbage In Garbage Out'이라는 말이 있는데, 말 그대로 잘못된 데이터를 가지고 분석한 결과는 신뢰할 수 없다는 의미다. 'Garbage In Garbage Out'이라고 하면 의도적으로 오염된 데이터를 사용하는 경우를 떠올리기 쉬운데, 전혀 그럴 의도가 없었는데도 약간의 부주의 때문에 잘못된 데이터를 활용하는 경우도 종종 발생한다.

잘못된 데이터 활용의 대표적인 사례인 생존자 편향(Survivorship bias)
에 대해 살펴보자. 생존자 편향에 대한 유명한 사례 중 하나는 제2차 세계
대전 당시 미 해군에서 있었던 전투기 장갑 보강에 관련된 이야기다. 당시
미군은 전투기들의 생존율을 높이기 위해 귀환한 전투기들이 어디에 적탄
을 맞았는지를 조사한 후 피격 부위에 장갑을 보완하는 프로젝트를 진행
하고 있었다. 귀환한 전투기를 조사한 결과 그림 4-12와 같이 피탄 흔적
은 동체와 날개 부분에 집중돼 있었다. 이에 지휘관들은 통계학자들에게
동체와 날개 부분에 어느 정도의 두께로 장갑을 보강해야 하는지에 대한
자문을 요청했다. (장갑을 너무 적게 두르면 보강 효과가 없고, 너무 많이
두르면 비행기가 무거워지기 때문에 전투에서 불리하다. 이 때문에 장갑
보강을 위한 적절한 장갑 두께를 찾는 것이 수학자와 통계학자들에게 주
어진 과제였다.)

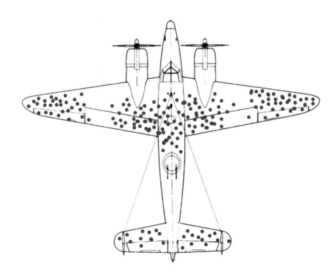

그림 4-12 생존자 편향

하지만 이 요청을 받은 통계학자 아브라함 발드(Abraham Wald)는 피탄 흔적이 많은 동체와 날개가 아니라 피탄 흔적이 상대적으로 적은 엔진과 조종석을 집중적으로 보강해야 한다는 의견을 주장했다. 조사 대상이 된 비행기들이 '귀환에 성공한' 전투기였다는 점을 감안할 때 실제로 엔진과 조종석 부분에 타격을 받은 전투기들은 돌아오지 못했다는 것을 간파한 것이다. 의도치 않았지만 귀환에 성공한 전투기의 데이터만 선택적으로 수집해서 분석했기 때문에 자칫하면 전혀 잘못된 결론을 낼 수 있었던 사례로 볼 수 있다. 이처럼 분석 대상 데이터들이 편향성을 가진 채 수집되면 분석 결과를 신뢰할 수 없게 된다.

그로스 해킹을 할 때도 이러한 생존자 편향이 발생할 수 있을까? 물론이다. 실제로 데이터 수집 과정에 충분히 주의를 기울이지 않은 경우 나도 모르는 사이에 편향된 데이터로 분석을 진행했던 적이 종종 있다. 개인적으로 겪었던 인상적인 사례를 하나 소개한다.

마이리얼트립에서 '항공 → 호텔'로 이어지던 크로스셀 비율을 높이기 위해 실험하던 중에 '항공권을 예약한 고객들에게 언제 호텔을 추천하는 게 좋을까?'라는 의문이 생겼다. 추천하는 호텔의 가격이나 리뷰도 물론 중요하지만 사용자가 호텔을 예약하려고 하는 적절한 시점에 추천해야 전환율이 높아질 것이다. 여행을 하루 앞둔 사람이 그제서야 호텔 예약을 하는 경우는 많지 않을 테니 말이다. 호텔을 추천하는 적절한 시점을 파악하기 위해 항공권을 예약한 사람과 호텔을 예약한 사람들의 예약 리드 타임(lead time, 예약일로부터 여행일까지의 차이) 데이터를 확인해 보니 다음과 같았다.

	항공권 예약	호텔 예약
예약 후 여행까지의 리드타임	70일	56일

여행 리드 타임을 고려했을 때 항공 예약과 호텔 예약의 리드 타임 차이는 약 2주 정도였다. 이를 감안해서 항공 예약 후 2주 전후로 호텔 예약을 추천하는 메시지를 보냈지만 별 효과가 없었다. 도시별로 리드 타임이 조금씩 달랐기 때문에 도시별로 추천 시점을 조금씩 변경해보기도 하고, 여러 가지 다른 메시징 채널을 활용하기도 했지만 결과는 마찬가지였다. 과연 무엇이 문제였을까?

데이터를 더 자세히 들여다보고 나서야 알게 된 사실인데, 앞에서 구한 예약 리드 타임은 항공권과 호텔을 하나라도 예약한 모든 고객을 대상으로 한 지표이기 때문에 항공-호텔 간의 예약 시차를 확인하기에 적합하지 않았다. 즉, 항공권을 예약하고 호텔까지 예약한 고객뿐 아니라 항공권만 예약하거나 반대로 호텔만 예약한 고객까지 모두 포함해서 계산한 리드 타임이라는 의미다. 항공 또는 호텔 중 하나만 예약한 고객의 데이터는 둘 간의 예약 시차에 대한 정보를 전혀 주지 않기 때문에 리드 타임을 확인하기 위한 분석이라면 이 데이터가 포함돼서는 안 된다. 항공 예약과 호텔 예약 간의 시차를 확인하고 싶었다면 그림 4-13의 오른쪽 이미지와 같이 항공이나 호텔 중 하나만 예약한 고객의 정보는 제외하고 둘을 모두 예약한 고객의 데이터만 분석에 활용해야 의도했던 결과를 얻을 수 있다.

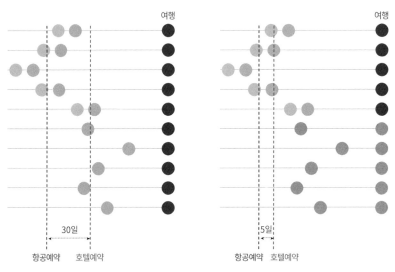

그림 4-13 항공-호텔 예약 리드 타임

많은 사람들이 데이터 분석 스킬셋을 열심히 공부하지만 막상 현업에서 데이터 분석을 하면서 겪는 어려움의 상당 부분은 데이터 수집과 전처리에서 온다. **분석 목표에 맞는 데이터를 신중하게 수집하고 가공하는 단계가 잘 진행되지 않으면 그다음에 진행하는 어떤 고도화된 알고리즘이나 분석 방법도 의미가 없다**는 점을 반드시 기억하자.

4.2 | OMTM(One Metric That Matters)

1) 지금 가장 중요한 지표는 무엇인가?

OMTM(One Metric That Matters)

앞서 AARRR의 다섯 단계를 설명하면서 각 단계별로 활용되는 주요 지표
를 소개했는데, 대표적인 지표를 정리하면 다음과 같다. 실제로 대부분의
조직에서는 여기에 정리된 지표 외에도 굉장히 많은 지표를 확인한다. 이
렇게 많은 지표를 측정하고 모니터링하고 관리한다면 우리는 지표를 잘
활용하고 있다고 할 수 있을까?

Acquisition	Activation	Revenue	Referral
▪ Install	▪ funnel Conversion	▪ Sales	▪ Viral coefficient
▪ Signup	▪ CTR	▪ Transaction	▪ Invitation
▪ CAC	▪ PV, ScreenView	▪ Purchase rate	▪ Share
▪ Attribution	▪ Query Count	▪ ARPU	▪ Post
▪ CTR	▪ Search Keyword Rank	▪ ARPPU	▪ Adoption rate
▪ Source		▪ ARPDAU	
▪ Medium	Retention	▪ ASP	
▪ Campaign	▪ Classic Retention	▪ LTV	
▪ ROAS	▪ Range Retention		
▪ Bounce Rate	▪ Rolling Retention		
	▪ DAU / MAU		
	▪ Frequency		

그림 4-14 AARRR 주요 지표

DAU가 '일간 활성 사용자'라는 것을 모르는 사람은 없다. CTR이 높으면
좋은 건 모두가 알고 있다. ARPPU를 계산하는 것도 처음 몇 번만 연습해

보면 어렵지 않게 할 수 있다. 사실 중요한 것은 이 다음부터다. 지표를 정의하고 측정한 이후에는 무엇을 해야 할까? 지표를 모니터링하고 있다면 해당 지표를 바탕으로 한 의사결정이 잘 이뤄지고 있는 걸까? 지표를 잘 활용하려면 어떤 점을 고려해야 할까?

지표를 잘 활용하기 위해 가장 우선적으로 고려해야 하는 것은 '**지금 가장 중요한 지표가 무엇인가?**'라는 질문에 답하는 것이다. 현실적으로 앞서 소개한 모든 지표를 측정하고 관리하기는 어렵다. 만약 가능하다고 하더라도 모든 지표를 모니터링하고 관리한다는 것은 엄청난 리소스의 낭비다. 서비스가 성장하면서 필요한 지표들은 계속 늘어나기 마련이고, 기본적으로 시스템의 도움을 받더라도 100% 자동화할 수 없으며, 일정 수준까지는 사람이 직접 챙겨야 하는 부분이 있기 때문이다. 이러한 지표 수집과 측정을 자동화한다고 하더라도 그것으로 문제가 해결되지는 않는다. 매일같이 수십 개의 지표를 들여다보는 일 자체로는 그 어떤 가치도 만들어내지 못하기 때문이다.

지금 가장 중요한 지표를 명확하게 정하는 것이 중요한 이유는 단순히 지표를 나열하는 것만으로는 지표 간 우선순위를 정의할 수 없기 때문이다. 지표 간 우선순위가 명확하지 않으면 서비스의 방향성을 정할 수 없다. 가령 A팀은 결제 비율을 높이는 것을 목표로 하고, B팀은 ARPPU를 높이는 것을 목표로 한 상태에서 서로 각자의 목표만 바라보면서 일한다면 어떻게 될까?

결제 비율을 높이기 위해서 할 수 있는 가장 간단한 방법은 제품의 가격을 낮추거나 할인 이벤트를 하는 것이다. 가격 할인을 하면 더 많은 사용자들이 결제할 확률이 높고, 이 경우 전체 서비스의 결제율이 높아질 것으로 기대할 수 있다. 반면 ARPPU를 높이는 가장 간단한 방법은 제품의 가격을 높이는 것이다. 제품의 가격을 높이면 구매자 수는 줄어들 수 있지만 상품의 단가가 높아지므로 결제자 인당 결제액(ARPPU)은 증가할 것이다.

이 상황에서 A팀은 제품의 가격을 낮춰야 한다고 주장하고, B팀은 가격을 높여야 한다고 주장하면 어떤 결론을 내릴 수 있을까? 지표를 활용하는 가장 중요한 목적은 그 지표를 바탕으로 의사결정을 내리고 서비스가 나아갈 방향을 제시하는 것인데, 이처럼 지표 간 우선순위가 명확하지 않으면 지표가 의사결정이나 방향 제시의 역할을 할 수가 없다.

물론 가장 중요한 지표는 시기에 따라 달라질 수 있다. 외부 환경이나 서비스 성장 단계, 내부 역량, 사용자들의 서비스 이용 패턴 등을 고려했을 때 집중해야 하는 지표는 매번 다를 수 있다. 그로스 해킹에서는 **지금 가장 중요한 지표**를 지칭하는 용어로 OMTM(One Metric That Matters)이라는 용어를 사용한다. 이를 북극성 지표(NSM, North Star Metric)라고 부르기도 하는데, 의미는 동일하다. OMTM은 지금 우리 서비스에서 가장 중요한 지표는 무엇인가? 전사적으로 역량을 결집해서 개선해야 하는 지표가 무엇인가? 라는 질문의 답이라고 보면 된다.

하나의 서비스에서는 모든 구성원이 같은 OMTM을 바라봐야 한다는 점에 유의하자. 부서별로 서로 다른 OMTM을 정의하는 것은 OMTM의 목적을 완전히 잘못 이해한 것이다. 같은 서비스를 기획하고 개발하고 디자인하고 운영하는 모든 사람들은 직군과 상관없이 같은 시기에 같은 목표를 바라봐야 한다. **OMTM의 가치는 구성원들이 바라보는 방향성을 일치시키고 자원을 집중하는 데서 나온다.**

OMTM을 정의하기 위한 질문

그렇다면 우리 서비스의 OMTM을 어떻게 정할 수 있을까? OMTM이 리소스 배분과 우선순위 의사결정의 기준이 되는 지표라는 점을 생각하면서 앞서 언급한 결제 비율과 ARPPU의 예로 돌아가보자. 만약 우리 서비스가 초기 사용자를 모으고 서비스의 주요 기능을 경험하도록 유도하는 것이 필요한 단계라면 이 시기에는 결제 비율을 OMTM으로 정하는 편이 나을 것이다. 반면, 서비스의 비즈니스 모델이 어느 정도 검증됐고, 명확한 타깃 사용자들을 바탕으로 매출을 극대화하기 위한 실험을 하는 단계라면 ARPPU가 더 적합한 OMTM일 수 있다. 이처럼 가장 중요한 핵심 지표를 정하기 위해서는 현재 우리 서비스의 상태나 목표, 서비스 성장 단계 등의 요소를 종합적으로 고려해야 한다.

OMTM을 정의하기 위해 질문해 봐야 하는 것들은 다음과 같다.

1. 어떤 비즈니스 모델을 가진 서비스를 만들고 있는가?
2. 서비스 라이프 사이클을 고려할 때 우리는 어떤 단계에 있는가?
3. 지금 가장 신경 쓰이는 단 하나의 문제를 찾아보자. 어떤 문제인가?
4. 우리가 원하는 행동을 하는 사용자와 그렇지 않은 사용자는 무엇이 가장 다른가?
5. 위 4를 구분할 수 있는 이벤트나 속성은 무엇인가? 그 추세가 달라지는 지점은 어디인가?

OMTM을 설정할 때 흔히 하는 실수 중 하나는 매출을 OMTM으로 정하는 것이다. 매출을 OMTM으로 정하는 것은 크게 두 가지 이유에서 부적절하다. 우선, 많은 경우 매출은 서비스의 핵심 가치가 사용자에게 잘 전달됐는지와 비례해서 증가하지 않는다. 물론 사용자들이 서비스의 핵심 가치를 잘 이해하고 공감하는 경우 매출이 늘 수는 있겠지만 일시적인 이벤트나 지속 가능하지 않은 꼼수를 통해서도 얼마든지 매출은 증가할 수 있다. 반대로 사용자들이 서비스에 대해서 굉장히 만족하더라도 일시적으로 매출이 정체되거나 하락하는 경우가 얼마든지 발생할 수 있다. 즉, 매출이 늘어나고 줄어드는 것은 서비스의 성장과 항상 일치하지 않는다.

두 번째 이유는 매출이 완벽한 후행지표라는 점이다. 매출은 그 자체가 다른 것의 원인이 되기보다는 어떤 원인에 의해 결과적으로 드러나는 성적표에 가깝다. 즉, 매출이 오르거나 떨어진다고 해서 그것을 바탕으로 무언가를 할 수 있는 것은 아니다. OMTM은 이를 바탕으로 의사결정을 하고 행동할 수 있는(actionable) 지표로 정의해야 한다는 점을 기억하자. 단순히 매출이 오르거나 떨어졌다는 것만으로는 이 지표를 개선하기 위해 무엇을 해야 할지 결정할 수가 없다. 설령 매출을 높이고 싶은 단계라고 하더라도 OMTM은 매출을 높이는 데 기여하는 선행지표를 찾아 정의하는 것이 좋다.

2) OMTM & KPI & OKR

OMTM vs. KPI

OMTM과 전혀 다른 맥락에서 사용되긴 하지만 비즈니스에서 강조하는 지표로 널리 알려진 KPI(Key Performance Index)라는 지표가 있다. OMTM과 KPI는 어떤 차이가 있을까?

OMTM과 KPI의 가장 큰 차이는 각 지표를 정의하고 활용하는 목적이 다르다는 점이다. **OMTM은 성장을 목표로 하는 지표다.** OMTM에 해당하는 지표를 개선하는 것도 물론 중요하지만 사실 더 중요한 것은 OMTM을 바탕으로 어떤 의사결정을 하고 이에 따라 전사적인 리소스를 어떻게 배분할 것인가를 결정하는 것이다. OMTM은 결과뿐 아니라 그 결과를 달성하는 과정도 큰 의미를 갖는다. 반면 **KPI는 일반적으로 평가를 위해 활용하는 지표다.** 이 때문에 KPI는 달성 여부 자체가 굉장히 중요하다. 성장을 위한 수단으로 활용하는 OMTM과 달리 KPI는 그 자체가 목표에 가까운 지표라고 할 수 있다.

OMTM은 모두가 공유하는 하나의 목표인 데 반해 KPI는 팀이나 부서별로 서로 다르게 설정된다는 점도 큰 차이점이다. 이러한 특성 때문에 OMTM은 공통의 목적을 달성하기 위한 부서 간 협력을 유도하지만 KPI는 자칫하면 부서 간 경쟁을 유도할 수 있다. KPI를 기반으로 업무를 진행하는 조직에서는 팀별 KPI가 서로 연관이 없는 경우가 많다. 더 나쁜 경우에는 서로 다른 팀의 KPI가 충돌하기도 한다. 한 팀의 KPI를 달성하려고 하다 보면 다른 팀의 KPI에 부정적인 영향을 주기도 한다. 가령 개발팀의 KPI는 출시일을 최대한 앞당기는 것이고 QA팀의 KPI는 출시 시점의 버그를 최소화하는 것이라면, 빠른 출시 일정을 잡는 것이 개발팀의 KPI 달성에는 도움이 되지만 QA팀의 KPI 달성에는 부담으로 작용할 것이다.

KPI는 성과 측정을 위한 지표이기 때문에 일단 한번 정해지면 평가할 때까지는 거의 바뀌지 않는다. 특히 구성원들이 실적이나 평가에 민감한 경우 KPI가 잘못 설정됐다는 사실을 알면서도 타 부서와의 공정성 문제 등을 고려해서 수정하지 못하는 경우가 많다. 하지만 OMTM은 성장을 위한 목표이므로 주변 환경이나 서비스 성장 속도에 따라 시기마다 변경될 수 있다는 것을 당연하다고 생각한다. 서비스 확산에 초점을 맞추는 시기에는 친구 초대 등 유입 채널과 관련된 목표를 OMTM으로 정하지만 일정 기간 후 수익화에 초점을 맞추는 시기에는 결제전환율 등 매출과 관련된 목표 지표를 OMTM으로 새롭게 정의하는 식이다. 변화에 따른 유연한 대응이 가능한 지표라고 할 수 있다.

KPI에 관해 농담처럼 하는 이야기가 하나 있는데 "기획팀도 KPI를 달성했고 개발팀도 KPI를 달성했고 마케팅팀도 KPI를 달성했는데 왜 올해 우리 서비스 실적은 이것밖에 안 되나?"라고 질책했다는 어느 경영진의 이야기다. 모든 부서가 KPI를 달성했다면 서비스가 고속 성장하고 있어야 할 것 같은데 실제로는 그렇지 않은 경우를 굉장히 많이 목격한다. 이는 KPI 달성과 서비스의 성장이 서로 연결돼 있지 않다는 의미로 이해할 수 있다. 반면 OMTM으로 설정한 지표가 원하는 방향으로 움직이고 있다면 그것은 명확하게 그 서비스가 올바른 방향으로 성장하고 있음을 의미한다. OMTM 자체가 서비스의 성장과 직결되기 때문이다. 그런 의미에서 **OMTM은 그 자체로 서비스가 진짜 잘 되고 있는지를 알려주는 중요한 지표라고 할 수 있다.**

OMTM	KPI
One Metric That Matters	Key Performance Index

- 성장
- 협력
- 모두가 공유하는 하나의 목표
- 시간이 지나면서 계속 바뀜
- 진짜 잘하고 있는지를 알려줌

- 평가
- 경쟁
- 팀이나 부서별로 서로 다른 목표
- 한번 정해지면 평가할 때까지 바뀌지 않음
- 달성되는 것과 서비스가 성공하는 것은 별개

그림 **4-15** OMTM과 KPI

OMTM vs. OKR

최근 많은 회사들이 도입하고 있는 OKR(Objectives & Key Results)은 OMTM과 어떤 유사점이나 차이점이 있을까?

OKR은 구글이 도입한 목표 관리 체계로 널리 알려져 있다. OKR은 3~5개의 목표(Objectives)와 목표당 3~5개 정도의 핵심 결과(Key Results)로 구성된다.

목표(Objectives)

- 매우 도전적인 목표
- 주로 정성적인 언어로 표현되며, 구성원들의 가슴을 뛰게 할 수 있는 크고 담대한 목표를 설정해야 한다.

핵심 결과(Key Results)

- 목표를 달성하기 위한 구체적인 결과 지표
- 객관적으로 측정하고 모니터링할 수 있는 지표
- 하나의 목표에 연계된 핵심 결과는 3개 이하를 권장한다.

OKR은 도전적인 목표, 전사적인 정렬(alignment), 투명한 공유를 특히 강조한다. OKR에서의 목표는 적당히 달성 가능한 수준이 아니라 굉장히 도전적이고 어려운 수준으로 정해야 한다. 이를 통해 구성원들은 하루하루 쳐내야 하는 눈앞의 일에 매몰되지 않고 멀지 않은 미래에 달성하고자 하는 큰 목표와 방향성을 염두에 두며 개개인의 업무 목표와 우선순위를 정할 수 있게 된다. 또한 OKR은 정렬을 굉장히 중요하게 여긴다. 각 부서가 독자적으로 OKR을 수립하는 것이 아니고 전사가 나아가야 할 방향과 목표가 정해지면 그 방향성과 일치하도록 각 사업부서의 OKR이나 개인의 OKR을 정하도록 하는 식이다. 이 과정에서 하향식(Top-down)으로 내려오는 방향성과 상향식(Bottom-up)으로 올라가는 구체적인 업무들이 만나서 여러 번의 피드백을 거치면서 모두가 같은 방향을 바라볼 수 있게 된다. 전사적으로 투명한 공유를 강조하는 것도 OKR의 중요한 특징이다. 사내 모든 구성원들의 OKR은 공개돼 있으며, 투명한 공개를 바탕으로 활발한 협업을 장려한다는 점도 OKR이 가지는 긍정적인 측면으로 볼 수 있다.

OKR에 대한 소개를 읽으면서 느꼈겠지만 OKR과 OMTM은 비슷한 점이 많다. 우선순위를 명확하게 정하고 중요한 목표에 전사적인 자원을 집중한다는 철학적인 배경이 유사하기 때문이다. 굳이 구분하자면 OMTM은 중요한 지표 그 자체를 강조하는 것에 조금 더 초점이 맞춰진 반면, OKR은 그 지표를 개선하기 위한 구체적인 액션 플랜에 가깝다는 차이 정도일 것이다. OMTM과 OKR 모두 목표를 정하는 과정에서 측정 가능하고 도전적인 소수의 목표에 집중할 것을 권장하며, 구성원들이 모두 같은 그림을 그리는 것의 중요성을 강조한다. 또한 목표를 달성해 나가는 과정 자체에서도 경쟁이 아닌 협력의 필요성을 이야기하고 있고 구성원 개개인의 자율성과 투명한 공유 환경을 중요하게 여긴다는 점도 굉장히 비슷하다.

적절한 목표를 정의하고 모두가 한 마음으로 여기에 집중하는 것은 성장에 있어서 가장 기본적인 요소다. 목표 지표는 이러한 목적을 위해서 사용돼야 한다. OMTM과 OKR 모두 소수의 목표에 대한 선택과 집중을 중요하게 여기고 있다. 또한 둘 다 목표를 달성하는 과정에서의 정렬과 협력이 필요하다는 점을 강조하는 훌륭한 도구로 손색이 없다. 사실 중요한 건 실천의 영역이다.

05장

그로스 해킹 시작부터,
성장 실험까지

5.1 　그로스 해킹 시작하기

1) 작은 회사에서 그로스 해킹을 할 수 있을까?

> "우리는 아직 초기 단계라서 그로스 해킹을 할 리소스가 없어요."
> "그로스 해킹은 개발 조직이 탄탄한 큰 회사에서 하는 거 아닌가요?"
> "우리 회사에는 아직 전문적인 그로스 해커가 없어요."

데이터 분석이나 그로스 해킹의 중요도와 필요성에 공감하지만 아직 그로스 해킹을 할 만한 리소스가 없다는 이야기를 종종 듣는다. 특히 소규모 스타트업이라면 당장 기능을 개발하기도 바쁜데 이 시점에 데이터를 쌓아서 분석하고 실험을 진행한다는 게 가능한 일인지 궁금할 수도 있다. 그로스 해킹의 전반적인 개념을 알고 있다고 하더라도 막상 회사에서 어떤 식으로 시작해야 할지 엄두가 나지 않는 경우도 있을 것이다. 그렇다면 그로스 해킹은 모든 리소스가 잘 갖춰진 큰 회사에서만 할 수 있을까? 당연히 그렇지 않다. 이번 장에서는 누구나 적용할 수 있는 **그로스 해킹의 시작**에 대해 살펴보고자 한다.

그로스 해킹의 꽃은 성장 실험이다. 핵심 지표를 정의하고, 가설을 세워서 실험을 진행하고, 데이터를 분석하는 과정을 반복하면서 조직은 배움을 축적하고 서비스는 성장할 수 있다. 하지만 아무것도 갖춰지지 않은 상태에서 무턱대고 실험을 시작할 수는 없다. 성장 실험을 하기 위해서는 데이터 기반의 업무를 할 수 있는 기본적인 환경을 만들고 그 안에서 구성원 개개인이 데이터를 활용할 수 있는 역량과 문화를 갖추는 것이 선행돼야 한다. 시작부터 한꺼번에 많은 리소스를 사용할 수 없는 환경이라면 다음과 같이 한 단계씩 차근차근 실천해가는 것을 권장한다.

- 1단계: 데이터를 활용할 수 있는 업무 환경 만들기
- 2단계: 데이터 파이프라인 구축하기
- 3단계: 데이터 활용을 위한 역량과 문화 갖추기
- 4단계: 성장 실험

2) 데이터를 활용할 수 있는 업무 환경 만들기

데이터 분석가 면접에서 가장 많이 듣는 말은 '들어오시면 데이터부터 다시 쌓으셔야 해요'이고, 데이터 분석가가 입사하고 가장 많이 하는 말은 '분석하려고 봤더니 쓸 수 있는 데이터가 없어요'라는 우스갯소리가 있다. 업종이나 회사 규모를 막론하고 데이터가 분석 가능한 형태로 정제되어 잘 쌓여 있는 회사는 굉장히 드물다. 막상 데이터를 분석하려고 해도 데이터가 여기저기에 흩어져 있거나, 부분적으로 유실됐거나, 분석할 수 없는 형태로 어딘가에 쌓여만 있는 경우를 흔히 볼 수 있다. 데이터를 이용해 성장 실험을 하려면 당연하게도 필요한 데이터를 잘 쌓고, 이를 활용할 수 있는 업무 환경을 만드는 과정이 선행돼야 한다.

들어오시면 데이터부터
다시 쌓으셔야 해요.

분석하려고 봤더니
쓸 수 있는 데이터가 없어요.

데이터 분석가 면접에서 많이 듣는 말 1위   데이터 분석가가 입사하고 많이 하는 말 1위

그림 5-1 분석 환경 구축의 필요성

우리 회사의 데이터 활용 수준을 어떻게 가늠해 볼 수 있을까? 다음 목록 중 몇 개의 항목에 해당하는지 체크해 보자. 해당하는 항목이 5개 이상이라면 그로스 해킹에 앞서 일단 기본적인 데이터 분석 환경부터 정비해야 한다.

- 우리 회사에 어떤 데이터가 쌓여 있는지, 어떻게 데이터를 뽑아서 볼 수 있는지 잘 모른다.

- 데이터를 쌓고는 있는데, 보는 사람이 없다. (혹은 쌓이는 데이터의 정확도를 믿을 수 없다.)

- 데이터 추출 요청을 하면 며칠 후에나 결과를 확인할 수 있다.

- 추출 요청 후 전달받은 데이터가 내가 원한 게 아니었던 경험이 있다.

- 필요한 데이터가 있는데 개발자나 데이터 분석가가 바쁜 것 같아서 요청을 못한 적이 있다.

- 별도의 데이터 전담 조직이 없고 개발팀이 그때그때 데이터 관련 업무를 하고 있다.

- 우리 서비스의 첫 페이지에서 사용자들이 어떤 메뉴나 버튼을 클릭하는지 자세히 모른다.

- 구글 애널리틱스를 사용하긴 하는데 구글 애널리틱스에 접속하면 뭘 어떻게 봐야 할지 잘 모르겠다. (실시간 접속자 수 정도?)

- 우리 서비스 사용자들의 고객 생애 가치를 관리하는 조직이 없다.

- 매출 말고 전사적으로 모든 구성원들이 알고 있는 다른 핵심지표가 없다.

'우리 회사는 데이터의 중요성을 모든 구성원이 공감하고 있어요'라고 이야기하는 회사는 많다. 하지만 '**데이터의 중요성을 공감한다**'와 '**데이터를 기반으로 업무를 진행하는 프로세스와 역량을 갖추고 있다**'는 전혀 다른 차원의 이야기다. 데이터를 기반으로 업무를 진행하는 프로세스와 역량을 갖추고 있지 않은 회사가 그로스 해킹을 한다는 것은 불가능하다.

그렇다면 소수의 인원으로 이뤄진 작은 스타트업이 데이터 기반으로 업무를 진행하는 프로세스와 역량을 갖춘다는 게 가능할까? 만약 가능하다면 어디서부터 시작해야 할까? 다시 말해, 그로스 해킹을 어떻게 시작하면 될까? 처음 마이리얼트립에 합류하면서 경험했던 이야기를 통해 그로스 해킹의 시작에 대한 이야기를 해보려고 한다.

마이리얼트립에 합류하면서 처음으로 받았던 미션은 데이터에 기반한 업무 프로세스를 만들고 이를 바탕으로 전사적인 데이터 활용 능력을 높이는 것이었다. 또한 여행상품의 크로스셀이라는 핵심 지표를 개선하기 위한 성장 실험을 진행하는 것도 중요한 업무였다. 이를 위해 '그로스 팀(Growth Team)'이라는 조직을 신설했고, 그로스 팀의 업무 범위를 다음과 같이 정했다.

- 핵심 지표 선정 및 관리
- 데이터 파이프라인 설계 및 구축
- 주제별 데이터 분석
- 데이터 추출 및 분석 요청 대응
- 데이터 기반으로 일하는 문화 만들기

목표가 명확하게 정해진 것까지는 좋았지만 문제가 하나 있었다. 그로스 팀의 커다란 목표를 달성해야 하는 구성원이 당장은 나 혼자라는 점이었다. 물론 채용을 진행할 수도 있었지만 당장 채용을 시작하더라도 실제로 충원되기까지는 몇 달이 걸릴지 모르는데 그동안 무작정 손을 놓고 기다릴 수는 없었다. 그 당시에는 스스로도 이게 가능할까 걱정했던 적이 있는데, 결론부터 이야기하면 혼자서 앞에서 나열한 업무들을 대강 다 진행할 수 있었고, 그 과정에서 전사적인 데이터 활용 역량도 꽤 높일 수 있었다. 어떻게 이런 일이 가능했을까? 데이터 분석과 관련된 IaaS(Infrastrucrue as a Service), PaaS(Platform as a Service), SaaS(Software as a Service)

를 잘 활용한 덕분이라고 생각한다. 최근에 빠르게 성장하고 있는 클라우드 분석 환경, ETL 자동화 서비스, BI 서비스를 잘 조합하면 최소한의 엔지니어링 리소스만으로도 데이터를 활용할 수 있는 업무 환경을 비교적 손쉽게 구축할 수 있다.

클라우드 분석 환경

데이터를 잘 쌓고 활용하는 과정에서 만나는 가장 큰 난관은 데이터를 수집하고, 이를 분석할 수 있는 기본적인 환경을 구축하는 일이다. 하둡(Hadoop), 스파크(Spark) 등 널리 알려진 분산처리 시스템이 있지만 막상 분석 환경을 직접 구축하다 보면 여러 대의 서버와 오픈소스 스택을 관리하는 과정에서 갖가지 난관과 장애를 만나게 된다. (무엇보다 일단 엔지니어가 없으면 시작할 수가 없다!)

하지만 최근에는 클라우드 분석 환경이 눈부시게 발전하면서 인프라 구축을 위한 엔지니어링이 크게 간소화됐다. 아마존의 EMR(Elastic MapReduce), 구글의 GCP(Google Cloud Platform), 마이크로소프트의 Azure 등이 대표적인 클라우드 플랫폼으로 알려져 있다. 실제로 이러한 클라우드 분석 환경을 잘 이용하면 데이터 수집과 저장, 전처리에 이르는 많은 프로세스를 간단한 몇 가지 설정만으로 쉽게 구현할 수 있다. 아마존의 레드시프트(Redshift), 구글 빅쿼리(BigQuery) 등 클라우드 데이터베이스의 성능도 훌륭한 편이다. 그뿐만 아니라 최근에는 머신러닝과 관련된 모델 생성과 서빙에 이르기까지 지원 범위가 점점 넓어지고 있다.

- 아마존 EMR: https://aws.amazon.com/ko/emr
- 구글 GCP: https://cloud.google.com/gcp/
- 마이크로소프트 Azure: https://azure.microsoft.com/

ETL 자동화 서비스

데이터 분석을 하기 위해서는 ETL(Extract, Transform, Load)이라는 프로세스가 선행돼야 한다. ETL은 여기저기에 산재돼 있는 데이터를 수집하고, 분석하기 편한 형태로 변환하고, 원하는 데이터베이스에 최종적으로 적재하는 일련의 과정을 의미한다. 실제로 데이터 분석을 위해 원천 데이터를 그대로 사용하는 경우는 많지 않다. 서비스를 운영하면서 발생하는 데이터와 분석을 위해 필요한 데이터는 그 형태나 요건이 다르기 때문이다. 과거에는 이러한 데이터 전처리 과정을 위해 많은 데이터 엔지니어가 필요했고 경우에 따라서는 별도의 인프라 담당 개발자를 두는 경우도 흔했다. 하지만 최근에는 간단한 설정을 통해 ETL을 자동화하는 서비스가 다수 등장하고 있다. Fivetran, Stitch 등의 ETL 자동화 서비스는 수십 가지의 광고플랫폼, 어트리뷰션, CRM, 기타 데이터 분석 서비스와의 연동을 통해 필요한 형태로 데이터를 적재하고 전처리하는 과정을 굉장히 쉽고 편리하게 구축해 준다.

- StitchData: https://www.stitchdata.com/
- Fivetran: https://fivetran.com/
- Supermetrics: https://supermetrics.com/

BI(Business Intelligence) 서비스

클라우드 분석 환경과 분석용 데이터베이스가 잘 갖춰졌다고 하더라도 실무자들이 당장 데이터를 쉽게 활용할 수 있는 것은 아니다. 기본적으로 아마존 EMR이나 구글 GCP의 주 사용자들은 데이터 분석가와 데이터 엔지니어이고, 클라우드 데이터베이스를 활용하려면 분석 언어에 대한 지식이 필요하기 때문이다. '원하는 데이터를 추출하는 것'과 '데이터에서 인사이트를 찾아내고 이를 바탕으로 의사결정하는 것' 사이에는 여전히 큰 간극이 존재한다.

데이터 분석가나 개발자뿐 아니라 다양한 직군의 실무자들의 데이터에 손쉽게 접근하고, 이를 통해 인사이트를 얻을 수 있는 환경을 만들려면 적절한 시각화를 통해 지표를 한눈에 볼 수 있도록 대시보드를 만들고, 필요한 경우 로 데이터를 쉽게 확인할 수 있는 시스템을 구축해야 한다. 과거에는 이러한 대시보드 개발을 위해 디자이너, 프런트엔드 개발자, 백엔드 개발자가 모두 필요했고, 대시보드를 수정하거나 업데이트하는 데도 많은 시간과 노력이 필요했다. 하지만 최근에는 태블로(Tableau)나 구글 데이터 스튜디오(Google Data Studio) 등의 데이터 시각화 및 대시보드 구축 서비스가 빠르게 발전하고 있고, 수퍼셋(Superset)이나 리대시(Redash) 등 오픈소스를 기반으로 한 BI(Business Intelligence) 서비스도 속속 등장하고 있다. 이러한 BI 서비스는 기본적으로는 SQL(Structured Query Language) 쿼리 기반으로 동작하는 경우가 많지만 최근에는 드래그 앤드 드롭 등의 더욱 편리한 UX를 지원하는 사례도 늘어나고 있다.

실제로 많은 회사들에서는 데이터 분석가나 데이터 엔지니어가 아니더라도 간단한 SQL 구문을 활용할 수 있으면 BI 툴을 통해 필요한 데이터를 스스로 찾아볼 수 있는 형태로 빠르게 업무 환경이 변화하고 있다.

- 태블로: https://www.tableau.com/
- 구글 데이터 스튜디오: https://datastudio.google.com/
- 리대시: https://redash.io/
- 수퍼셋: https://superset.apache.org/

그림 5-2 분석 환경 구축을 위해 사용할 수 있는 서비스

5.2 데이터 파이프라인 만들기

앞서 설명한 클라우드 분석 환경, ETL 자동화 서비스, BI 서비스 등을 적절히 조합하면 간단한 데이터 파이프라인은 손쉽게 구축할 수 있다. 보통 '데이터 파이프라인'이라고 하면 '뭔지는 잘 모르겠지만 엔지니어에게 맡기면 되는 것'이라고 생각하는 경우가 많다. 데이터 파이프라인은 말 그대로 데이터를 쌓고, 필요한 형태로 가공하고, 추출하고, 의사결정에 활용할 수 있는 프로세스를 만드는 일이다. 실제 업무에 잘 활용할 수 있는 데이터 파이프라인을 만들려면 데이터 엔지니어와 데이터 분석가, 필요하다면 데이터를 사용하는 비즈니스 담당자까지 포함된 여러 직군의 협업이 필요하다.

다른 서비스와 마찬가지로 데이터 파이프라인도 개발에 앞서 설계가 필요하다. 데이터 파이프라인을 설계하는 과정에서 고려해야 하는 질문들은 다음과 같다.

- 어떤 데이터를 쌓을 것인가?

- 어떤 형태로 쌓을 것인가?

- 어디에 쌓을 것인가?

- 어떻게 꺼내서 볼 것인가?

위 4개의 질문 중 '어디에 쌓을 것인가?' 정도를 제외하고는 엔지니어가 혼자서 결정할 수 있는 내용은 없다. 데이터 사용자(분석가일 수도 있고, 마케터일 수도 있고, 혹은 경영진이 될 수도 있다)가 어떤 요구사항을 가지고 있느냐에 따라 수집하는 데이터의 종류나 형태 등이 전혀 달라질 수 있기 때문이다.

데이터 파이프라인이 잘 구축돼 있다면 어떤 것들을 할 수 있을까? 대표적으로 사용자 행동 기반의 로그 분석을 들 수 있다. 실제로 구글 애널리틱스나 앰플리튜드(Amplitude) 등의 데이터 분석 툴을 잘 활용하려면 행동 로그 분석을 위한 파이프라인이 잘 구축돼 있어야 한다.

1) 행동 로그 분석을 위한 데이터 파이프라인

서비스를 이용하는 사용자가 남기는 로그는 서비스 로그와 행동 로그로 구분된다. 서비스 로그는 트랜잭션(transaction)의 결과를 기록하는 로그다. 가입하거나 예약하거나 결제를 하는 것처럼 하나의 트랜잭션이 완료되면 각각에 대한 서비스 로그가 남는다. 반면 행동 로그는 트랜잭션에 이르기까지 사용자가 서비스에서 하는 하나하나의 액션에 대한 로그를 의미한다. 특정 상품을 클릭하거나 검색하거나 배너를 스와이프(swipe)하는 등의 액션을 예로 들 수 있다.

회원가입이나 구매 등을 기록하는 서비스 로그는 기본적인 서비스 운영을 위해 필수적으로 관리해야 하므로 이 데이터를 쌓고 활용하는 데는 대부분 큰 문제가 없다. 모든 변경분을 다 쌓을지 최종 수정된 내용만 남길지, 혹은 분석용 데이터베이스를 실시간 스트리밍으로 적재할지, 일 배치로 적재할지 정도만 고려해도 일단 충분하다.

반면 행동 로그의 경우 데이터의 양도 훨씬 많고 설계하는 과정에서의 자유도도 높아서 수집이나 활용이 상대적으로 까다로운 편이다. 게다가 당장 볼 수 없다고 해서 서비스에 큰 문제가 생기는 것도 아니다. 그러다 보니 구체적으로 어떤 데이터를 어떻게 쌓아야 하는지를 정리하지 않으면 '일단 되는대로 다 쌓자! 근데 어떻게 봐야 할지 모르겠다. 나중에 누군가 보겠지 뭐…' 상태로 방치되는 경우가 많다.

2) 이벤트와 속성

행동 로그를 어떻게 설계하느냐에 따라 얻을 수 있는 정보의 수준은 완전히 달라진다. 행동 로그를 보는 가장 단순한 방식은 발생한 이벤트의 숫자를 세는 것이다. 이런 식으로 이벤트별 수치를 집계하면 '가입하기 버튼 클릭 수는 100회이고, 가입 프로세스를 완료한 사용자 수는 40명이다' 같은 데이터를 얻을 수 있다. 하지만 단순 이벤트 수치 집계만으로는 원하는 수준의 인사이트를 얻기 어렵다. **행동 로그 설계의 핵심은 이벤트의 속성(property)을 어떤 수준으로 함께 남길 것인가를 정의하는 부분이다.** 이벤트 속성은 특정 이벤트가 발생했을 때 함께 남길 수 있는 세부정보라고 생각하면 된다.

상품 클릭이라는 이벤트가 발생했다고 가정해 보자. 행동 로그를 잘 설계했다면 그림 5-3과 같이 어떤 상품을 클릭했는지에 대한 자세한 정보를 이벤트 속성으로 함께 남길 수 있다.

그림 5-3 이벤트 속성

일반적으로 이벤트 속성은 키(key)와 값(value)으로 이뤄져 있다. 위 예시에서는 클릭한 상품의 '카테고리'라는 속성 키와 그 키에 매핑되는 '애완동물'이라는 값을 함께 기록함으로써 클릭 이벤트에 대한 훨씬 더 자세한 값을 알 수 있게 된다. 경우에 따라서는 이벤트 속성과 함께 사용자 속성을 기록하기도 한다. 해당 이벤트를 발생시킨 사용자에 대한 추가 정보를 비슷한 방식으로 기록하는 것이다. 상품 클릭이라는 이벤트를 발생시킨 사용자가 언제 가입했는지, 어떤 쿠폰을 가지고 있었는지 등을 그 예로 들 수 있다.

이벤트의 속성을 기록하지 않았다면 예약하기 버튼을 클릭한 숫자 정도만 확인 가능하다. 하지만 이벤트의 속성을 함께 기록했다면 어떤 상품을 클릭했는지, 그 상품의 가격이 얼마였는지, 어떤 화면에서 클릭했는지 같은 훨씬 더 자세한 정보를 얻을 수 있다. 만약 사용자 속성까지 함께 기록했다면 해당 이벤트를 수행한 사용자가 어떤 특성이 있는지도 확인할 수 있다. 하나의 이벤트가 발생했을 때 훨씬 더 입체적으로 정보를 얻을 수 있다는 의미다. 그림 5-4를 보면 속성을 기록하는 수준에 따라 얻을 수 있는 인사이트의 수준이 크게 차이 나는 것을 확인할 수 있다.

구분		얻을 수 있는 인사이트
1단계	단순 이벤트 집계	오늘 하루 동안 상품 상세보기 버튼 클릭 수는 100입니다.
2단계	이벤트 속성 집계	상품 상세보기 클릭이 100회 발생했는데, 이 가운데 60번은 애완동물 카테고리에 있는 상품을 클릭했습니다. 할인이벤트 섹션에 있는 상품 클릭이 가장 많았으며, 클릭한 상품의 평균 가격은 7만5천 원입니다. 상품별로는 뉴트로 초이스 키튼 사료 상품의 클릭이 25회로 가장 많았고, 이 상품의 평점은 3.5점입니다.
3단계	이벤트 속성 + 사용자 속성 집계	상품 상세보기 클릭이 100회 발생했는데, 이 가운데 60번은 애완동물 카테고리에 있는 상품을 클릭했습니다. 할인이벤트 섹션에 있는 상품 클릭이 가장 많았으며, 클릭한 상품의 평균 가격은 7만5천 원입니다. 상품별로는 뉴트로 초이스 키튼 사료 상품의 클릭이 25회로 가장 많았고, 이 상품의 평점은 3.5점입니다. 이 상품을 클릭한 사람 중 25%는 당일에 가입했으며, 여성 비율이 70%입니다. 상품 상세보기를 클릭한 사람의 40%는 쿠폰을 가지고 있고, 일주일 이내 쿠폰이 만료되는 사람이 그중 75%입니다.

그림 5-4 이벤트 기록에 따른 인사이트

3) 행동 로그 설계하고 적재하기

이벤트를 어떤 기준으로 쌓아서 볼 것인지 정의하는 문서를 이벤트 스키
마 설계서라고 한다. 이벤트 스키마 설계서에는 어떤 화면의 어떤 이벤트
를 기록할지, 그 이벤트가 발생하는 정확한 조건이 무엇인지, 이벤트와 함
께 기록해야 하는 속성에는 어떤 것이 있는지, 각 속성의 데이터 타입은
어떤 타입으로 기록해야 하는지, 그리고 해당 이벤트가 처음 기록되기 시
작한 시점은 언제인지 등을 포함해야 한다. 이벤트 스키마 설계서는 그
림 5-5와 같은 형태로 구성된다. (중괄호로 표시된 부분은 변수를 의미한
다.)

화면	이벤트 발생 시점	이벤트명	이벤트 속성		타입	업데이트 버전
			키	밸류		
search	검색결과에서 상품 클릭	click_product	product_id	{{product_id}}	INTEGER	1.0
			category	{{category_name}}	STRING	1.0
			price	{{price}}	FLOAT	1.0
search	검색결과에서 필터 클릭	click_filter	filter_name	{{filter_name}}	STRING	1.2
			filter_option	{{filter_option}}	STRING	1.2
search	검색결과에서 추천영역 클릭	click_recommend	product_id	{{product_id}}	INTEGER	1.1
			category	{{category_name}}	STRING	1.1
			price	{{price}}	FLOAT	1.1
search	검색결과 더보기 클릭	click_nextpage				1.2

그림 5-5 이벤트 스키마 설계

앞에서 언급한 것처럼 이벤트 스키마를 설계하는 과정에는 데이터 엔지니어와 데이터 분석가, 데이터 사용자가 모두 참여해야 한다. 무작정 많은 이벤트를 수집하려고 하기보다는 '필요한' 이벤트를 '정확하게' 수집하는 것이 중요하다는 것을 기억하자. 수집하는 이벤트의 수가 많아지면 이후 QA(Quality Assurance)와 유지보수가 그만큼 힘들어진다. 많은 회사가 겪는 문제는 이벤트 로그가 없어서가 아니라 이벤트 로그가 있지만 필요한 내용이 없거나 데이터 정합성을 신뢰할 수 없기 때문에 발생한다. 다시 반복하자면 **발생하는 모든 이벤트를 기록해야 한다는 생각을 버리고 분석에 필요한 이벤트를 정확하게 적재하는 것이 이 단계의 핵심이다.**

이벤트 스키마 설계가 완료되면 그다음 단계는 스키마에 따라 실제로 이벤트를 적재하고 확인하는 것이다. 구글 애널리틱스나 앰플리튜드 등의 로그 분석 시스템을 활용하면 정의된 이벤트 스키마에 따라 적재된 데이터를 손쉽게 확인할 수 있다. 특히 이러한 서비스는 복잡한 프로그래밍 언어를 사용하지 않고도 클릭 기반으로 여러 데이터를 확인할 수 있으며 데이터 시각화를 잘 지원한다는 장점이 있다. 하지만 서비스마다 지정된 포맷의 이벤트 스키마를 사용해야 하고, 경우에 따라서는 로 데이터를 볼 수 없고 집계된 형태의 데이터만 사용 가능하다는 단점도 있다.

구글 애널리틱스 등의 상용 서비스 대신 이벤트 로그를 자체적으로 관리하는 데이터베이스에 쌓는 방법도 있다. 아마존 레드시프트나 구글 빅쿼리 등의 클라우드 데이터베이스는 많은 데이터를 적재하고 처리하는 데 최적화돼 있어서 이벤트 로그를 쌓는 용도로 사용하기에 적합하다. 데이터 엔지니어와 데이터 분석가의 지원이 가능한 환경이라면 데이터 적재와 분석의 자유도가 높다는 점에서 추천할 만한 방법이다. 기술적인 내용이 많이 포함돼 있어 이 책에서 자세히 소개하진 않았지만 구글 빅쿼리 데이 터베이스를 이용해 행동 로그 분석을 위한 데이터 파이프라인을 만든 사 례를 정리한 글이 있으니 관심 있는 독자는 참고하길 바란다.

▪ **모바일 앱 로그분석, 어떻게 시작해야 할까?**(https://brunch.co.kr/@leoyang99/15)

5.3) 데이터 활용을 위한 역량과 문화 갖추기

데이터를 활용할 수 있는 기본적인 환경이 구축됐다면 전사적으로 이를 활용할 수 있는 역량과 문화를 갖추는 데 신경 써야 한다. 서비스 데이터 를 추출할 때마다 복잡한 승인과 요청 과정을 거쳐야 하거나, 데이터 분석 업무를 해야 하는 사람들이 여기저기서 요청하는 로 데이터 추출에 많은 시간을 빼앗기는 경우를 주변에서 흔히 볼 수 있다. 마찬가지로 데이터 분 석을 통해 얻은 인사이트가 일회용 보고서에만 남아있고 제품을 개선하는 데 직접 반영되지 않는다면 데이터가 잘 활용되는 조직이라고 보기 어렵 다. 이처럼 데이터를 기반으로 일하는 역량과 문화가 갖춰져 있지 않다면 아무리 좋은 분석 환경을 만들었다고 해도 소용이 없다.

대부분의 회사에서 데이터를 담당하는 조직은 다른 팀의 의뢰나 요청을 받아서 데이터를 추출하거나 분석하는 역할을 담당한다. 이처럼 데이터를 요청하는 사람과 추출(혹은 분석)하는 사람이 명확하게 나뉜 구조에서는 데이터가 원활하게 흐르기 어렵다. 특히 단순한 추출 요청이 많은 환경이 라면 비효율이 더 크다. 쉽게 생각할 수 있는 몇 가지 문제는 다음과 같다.

- 데이터 분석가들이 단순 데이터 추출 업무에 많은 시간을 빼앗기면서 깊이 있게 데이터를 들여다보고 분석할 수 있는 시간이 줄어든다. 물론 반복적으로 찾아보는 데이터들을 대시보드 형태로 만들어서 공유하는 등 다른 방법이 있긴 하지만 보통은 대시보드를 만든다고 해서 그때그때 필요한 일회성 데이터 추출 요청 건이 줄어들지는 않는다.

- 단 한 번의 요청으로 추출 목적에 딱 맞는 잘 정리된 데이터를 뽑아내는 것은 거의 불가능하다. 실제로 쓸 만한 인사이트나 아이디어는 여러 가지 데이터를 다양한 각도에서 살펴보면서 수없이 반복되는 질문과 답 속에서 찾아지는 경우가 많다. 하지만 요청하는 사람과 추출하는 사람이 다른 경우 이러한 질문과 데이터의 반복되는 사이클을 충분히 진행하기 어렵다. 요청하는 사람은 미안해지고 추출하는 사람은 귀찮아져서 적당한 선에서 타협하게 된다.

- 데이터 분석은 '좋은 질문'에서 시작하는데, 일반적으로 좋은 질문을 할 수 있는 사람은 서비스와 사용자의 접점에서 일하면서 도메인 지식을 쌓아 온 사람이다. (데이터 분석가에게 도메인 지식이 필요한 이유이기도 하다.) 이 부분을 충분히 고민하지 않으면 분석 조직에서 나름대로 열심히 분석해 낸 결과물은 "...*이런 거 해봤으니 한번 참고 해보세요*" 수준으로 정리되고, 유관부서에서는 "... *재미있는 보고서네요. 참고할게요*"라는 식으로 그냥 마무리되는 경우가 많다. (결과적으로 아무것도 달라지지 않는다.)

이를 해결하기 위해 우선적으로 고려해 볼 수 있는 것은 교육이다. 구성원 개개인이 BI 서비스를 통해 필요한 데이터를 주도적으로 추출하고 가공해서 필요한 대시보드를 스스로 만들 수 있다면 전사적인 데이터 활용 능력이 크게 향상된다. 최근 많이 사용하고 있는 태블로나 구글 데이터 스튜디오는 별도의 프로그래밍 언어를 배우지 않더라도 드래그 앤드 드롭을 통해 데이터를 원하는 형태로 손쉽게 가공할 수 있는 기능을 제공한다.

이러한 BI 서비스를 도입한다면 우선 공식 사이트에서 제공되는 학습 자료를 전사적으로 공유하고 구성원들이 이를 학습해서 업무에 활용하도록 독려해야 한다. 태블로나 구글 데이터 스튜디오 등 대부분의 BI 서비스 공식 사이트에서는 툴의 기능을 학습하고 실무에 활용하는 데 참고할 수 있는 다양한 콘텐츠를 제공한다. 개별적으로 학습하기 어렵다면 사내 교육이나 스터디를 적극적으로 진행해 보는 것도 좋은 방법이다. 이러한 활동을 통해 전사적인 데이터 활용 역량이 높아지면 사내 데이터 조직은 단순 추출이 아니라 본연의 업무인 데이터 분석에 더 많은 시간을 투자할 수 있게 된다.

한걸음 더 나아간다면, 데이터 조회 및 가공을 위해 SQL 문법을 교육하는 방법도 있다. 전사 데이터 활용 역량을 높이기 위해 어떤 회사에서는 파이썬을 공부하게 한다는 이야기를 종종 듣는데, 개인적으로는 데이터 활용을 위해서라면 파이썬보다는 SQL이 더 직접적인 도움이 된다고 생각한다. 파이썬은 굉장히 범용으로 활용할 수 있는 프로그래밍 언어이고, 문법 외에도 개발을 위한 환경 설정이나 관련 인프라 등 신경 써야 하는 요소가 많다. 파이썬 문법은 다른 언어에 비해 비교적 간단하지만 실제로 이를 활용하기 위해 알아야 하는 부가적인 사항들이 적지 않다. 하지만 SQL은 관계형 데이터베이스에서의 데이터 정의, 조작, 제어라는 명확한 용도로만 사용하는 언어이므로 정해진 문법 외에 따로 공부할 내용이 거의 없다. (문법도 간단한 편이다.) 최근에 많이 사용되는 BI 서비스들은 SQL을 이용한 데이터 추출과 가공을 대부분 지원하므로 SQL을 배우면 실무에서 당장 활용할 수 있는 기회도 많다.

실제로 마이리얼트립에서는 SQL 사내 교육 프로그램을 꾸준히 운영해서 전사 데이터 활용 역량을 높게 유지하고 있다. 이 내용을 '데이터가 흐르는 조직 만들기'라는 제목으로 《데브그라운드 2019 콘퍼런스》에서 발표한 적이 있는데 다음 URL에서 관련 영상을 확인할 수 있다.

▪ 데이터가 흐르는 조직 만들기: https://youtu.be/IG6gJGmEbew

데이터 활용과 관련된 사내 교육을 진행할 때 유의할 점이 두 가지 있다. 첫 번째는 꾸준히 정기적으로 진행해야 한다는 점이다. 이벤트성으로 한 번 진행하는 교육을 통해 한순간에 전사적인 데이터 활용 역량이 극적으로 변할 수는 없다. 설령 한 번의 교육을 통해 어느 정도 데이터 활용 지식을 갖춘 구성원이 생기더라도 입사자와 퇴사자가 꾸준히 발생하는 회사라는 조직의 특성상 지속적으로 교육 세션을 진행하지 않으면 그 수준을 유지하기 어렵다. 또한 지속적으로 꾸준히 진행하는 교육은 그 자체로 회사의 강력한 의지를 보여주는 방법이기도 하다.

두 번째로, 교육을 통해 배운 지식들을 실제 업무에 바로바로 적용할 수 있는 환경을 만들어 주고 이를 활용하는 것을 독려해야 한다. SQL을 학습했으면 실제 분석용 데이터베이스 접근 권한을 필요한 만큼 열어주고 업무에서 필요한 데이터를 스스로 찾을 수 있게 하고, BI 툴을 학습했으면 스스로 BI 서비스를 통해 업무 관련 대시보드를 만들고 이를 다른 구성원들과 공유할 수 있게 해야 한다. 실제 업무에 활용되지 않는 지식은 의미가 없다.

이렇게 사내에 분석을 위한 데이터가 차곡차곡 쌓이고 전사적으로 이를 활용할 수 있는 문화가 만들어지면 단순 데이터 집계나 대시보드 제작을 넘어선 일들을 할 수 있게 된다. 다음 절에서는 그로스 조직이 데이터를 활용하는 대표적인 과정인 성장 실험에 대해 자세히 알아보자.

5.4 성장 실험: A/B 테스트

1) A/B 테스트란?

A/B 테스트란 두 개의 변형 A와 B를 사용하는 종합 대조 실험(controlled experiment)으로, 통계적 가설 검정 또는 2-표본 가설 검정의 한 형태다.[23] 쉽게 풀어서 설명하면 두 가지 서로 다른 옵션에 대한 사용자의 반응을 측정함으로써 어떤 옵션이 더 효과적인지를 검증하는 과정이다. 개념적으로 A/B 테스트는 굉장히 명확하고 쉬운데, 이 때문에 누구나 잘 알고 있다고 생각하고(*그거 빨간색 버튼이랑 파란색 버튼 보여주고 둘 중 뭘 많이 클릭하는지 보는 거잖아?*) 누구나 쉽게 할 수 있다고 생각하지만(*빨간색 버튼을 더 많이 클릭했으면 그게 더 좋은 거니까 서비스에 반영하면 되잖아?*), 실제로 A/B 테스트를 잘 진행하려면 생각보다 고려해야 할 점이 많다. 이번 절에서는 A/B 테스트를 수행하기 위한 실험 설계, 결과 분석, 유의사항 등을 살펴보겠다.

2) A/B 테스트 설계하기

A/B 테스트를 설계하려면 우선 다음과 같은 기초적인 개념들을 이해할 필요가 있다.

가설

A/B 테스트의 출발점은 가설이다. A/B 테스트가 의미 있으려면 실험을 통해 무엇을 확인하고 싶은지가 명확해야 한다. 가설은 독립 변수와 종속

---

23 https://ko.wikipedia.org/wiki/A/B_테스트

변수가 무엇인지를 정의하고 종속 변수의 목표 수준을 정하는 형태로 이뤄진다. 일반적인 A/B 테스트에서의 가설은 '서비스 소개를 텍스트로 보여주는 화면보다 이미지로 보여주는 화면에서의 가입 전환율이 높을 것이다' 같은 형태로 만들어진다. ('10% 더 높을 것이다'처럼 구체적인 목표 수준을 포함하는 것도 좋다. 이후에 설명하겠지만 실험에 필요한 샘플 크기를 구하려면 가설 수립 단계에서 목표 수준을 정해야 한다.)

실험 집단/통제 집단

전체 모수 중 실험 조건에 할당되는 사용자들을 어떤 기준으로 구분하고, 어떤 비율로 할당할 것인지 정의해야 한다. 통제 집단 및 실험 집단과 관련해서 무엇보다 중요한 절차는 통제 변수 관리와 엄격한 기준에 따른 샘플링이다. 이 부분에 대해서는 이후에 좀 더 자세히 기술하겠다.

독립 변수

설명 변수 또는 예측 변수라고도 한다. 인과 관계에서 원인이 되는 변수, 즉 종속 변수에 영향을 줄 거라고 기대되는 변수다. 앞에서 예로 든 가설을 기준으로 하면 '서비스 소개를 보여주는 방식'이 독립 변수가 된다. 실험 설계 과정에서는 이처럼 독립 변수를 정의한 다음, 해당 변수의 구체적인 수준을 어떻게 설정할 것인지에 대해서도 결정해야 한다. A/B 테스트라는 이름에서도 알 수 있듯이 일반적으로는 2개 내외의 수준을 정해서 테스트를 진행하게 된다.

종속 변수

독립 변수에 의해 영향을 받을 것으로 기대되는 변수다. 인과 관계에서 결과가 되는 변수라고 볼 수 있다. 일반적으로는 종속 변수의 변화량에 따라 실험의 성과를 판별할 수 있다. 앞의 예시에서는 '가입 전환율'이 종속 변수가 된다. 종속 변수는 당연히 측정 가능해야 하며, 구체적으로 어떤 기준으로 측정할 것인지에 대한 조작적 정의가 사전에 명확하게 돼 있어야 한다. 실험 설계 과정에서는 종속 변수의 현재 수준을 측정하고 실험을 통해 어느 정도의 변화를 기대하는지 정의하는 것이 필요하다.

통제 변수

실험 결과에 영향을 미칠 수 있기 때문에 실험 집단/통제 집단 모두에서 동등한 조건을 가져야 하는 변수를 의미한다. 즉, 독립 변수가 아니지만 종속 변수에 영향을 미칠 수 있는 제3의 변수라고 볼 수 있다. A/B 테스트 경험이 풍부하지 않으면 보통 통제 변수를 정의할 때 어려움을 겪는다. (정확히 말하면, 통제 변수를 제대로 설정하지 않아서 실험 집단과 통제 집단을 잘못 나누는 경우가 흔히 발생한다.) 사실 A/B 테스트의 성패는 통제 변수를 얼마나 잘 관리하느냐에 달린 경우가 많다. 예를 들어, 앞의 가설로 A/B 테스트를 한다면 가입 경로(유료 광고, 친구 추천 등)와 같은 것이 대표적인 통제 변수가 될 것이다.

샘플 크기

가설 검증에 필요한 실험 참가자의 숫자를 의미한다. 통계적 유의도를 확보하기 위한 숫자를 고려해서 실험 전에 미리 정해야 한다. 샘플 크기를 계산하는 방법은 다음 장에서 상세히 기술하겠다.

실험 기간

샘플 크기를 고려했을 때 가설 검증을 위한 데이터를 수집하는 데 필요한 기간을 정의해야 한다. 특별한 이유가 없다면 진행 중인 실험을 임의로 중단하고 중간에 결론을 내려서는 안 된다.

3) A/B 테스트 설계 시 유의사항

A/B 테스트 설계의 성패는 실험 집단과 통제 집단을 적절하게 나누고 통제 변수 관리를 얼마나 잘 했느냐에 달려 있다. 간단해 보이지만 놓치기 쉬운 부분이 있으니 다음 사항들을 꼼꼼하게 챙기자.

실험 집단과 통제 집단 샘플링

실험 집단을 선별할 때 공정한 샘플링을 위해 랜덤 추출(random sampling)을 하면 되지 않느냐고 생각하기 쉬운데, 많은 사람들이 랜덤 추출과 편의 추출(convenient sampling)을 혼동한다. 랜덤 추출은 통제 변수가 잘 관리된 것을 전제로 모든 표본이 동일한 확률을 가진 상태에서 뽑는 무작위 추출을 의미한다. 즉, 통제 변수 관리가 잘 되지 않은 상태라면 랜덤 추출이라는 말을 써서는 안 된다. 실험 집단과 통제 집단을 구분할 때 흔히 회원 번호를 홀/짝으로 나누거나 가입 시간을 홀/짝으로 나누는 방법이 사용되는데, 이렇게 실험 그룹을 나누는 것이 랜덤 샘플링이라고 할 수 있을까? 그럴 수도 있지만 아닐 수도 있다. 위 예시와 같이 서비스 소개를 보여주는 방식에 따른 가입 전환율을 보고 싶다고 했을 때 단순히 회원 번호를 홀/짝으로 나누기만 했다면 실제로는 랜덤 추출이 되지 않았을 가능성이 있다. 가입 경로라는 통제 변수가 고려되지 않았기 때문이다. 만약 회원번호가 홀수인 가입자 중에서 유료 광고를 통해 유입된 사용자가 많았고 짝수 가입자 중에서 친구 초대를 통해 유입된 사용자가 많았다면 독립 변수(서비스 소개를 보여주는 방식)와 무관하게 짝수 가입자의 가입 전환율이 더 높게 나타날 수 있다. 이처럼 제3의 변수가 종속 변수에 영향을 미칠 수 있다고 판단된다면 이를 통제 변수에 포함해서 샘플링 과정에 반영함으로써 종속 변수에 미치는 영향을 차단해야 한다.

이처럼 A/B 테스트를 진행하는 과정에서 회원 번호나 결제 번호 등을 홀/짝으로 나눈 것으로 실험 집단을 랜덤하게 구분했다고 오해하는 경우가 많은데, **통제 변수를 깊이 고민하지 않은 상태에서 단순히 홀/짝 구분을 한다고 해서 랜덤 샘플링이 잘 됐다고 볼 수는 없다.** 항공권을 예약한 사람에게 적합한 여행상품을 추천하는 실험을 한다고 가정해 보자. 두 개의 추천 알고리즘 중 어느 것이 효과적인지 알아보기 위해 항공권 예약번호를 홀/짝으로 나눠서 실험 집단과 통제 집단을 구분해서 테스트해도 될까? 이 경우 우선적으로 고려해야 하는 것은 우리가 테스트하고자 하는 추천 알고리즘 외에 여행상품 추천에 영향을 미칠 수 있는 다른 변수가 있는지를 선별하는 것이다. 만약 독립 변수 이외에 종속 변수에 영향을 미칠 것으로 보이는 변수가 있다면 이를 통제 변수에 포함해야 한다. 이 경우라면 '휴가'를 목적으로 항공권을 예약한 사람과 '출장'을 목적으로 항공권을 예약한 사람은 여행상품 추천에 전혀 다르게 반응할 수 있을 것이다. 또한 방콕으로 가는 배낭여행자와 몰디브로 가는 신혼여행자는 여행상품 추천에 다르게 반응할 수도 있다. 그렇다면 알고리즘 테스트는 같은 목적지를 가는 사람들을 대상으로 진행하거나, 혹은 같은 목적으로 여행을 가는 사람들 안에서 진행해야 정확한 테스트 결과를 얻을 수 있다. 이처럼 테스트하고 싶은 독립 변수 외에 종속 변수에 영향을 미치는 나머지 요소들을 얼마나 잘 식별하고 통제하느냐가 A/B 테스트를 설계하는 과정에서 대단히 중요하다는 점을 꼭 기억하자.

순차 테스트와 동시 테스트

순차 테스트는 A 조건으로 일정 기간 테스트를 한 다음, B 조건으로 바꿔서 연이어 테스트를 진행하고 이 두 가지 조건의 결과를 비교하는 식으로 진행하는 테스트다. 엄밀히 이야기하면 순차 테스트는 A/B 테스트가 아니다. 순차 테스트의 가장 큰 문제는 제대로 된 통제 변수 관리를 할 수 없다는 점이다. 실험 기간이 달라짐에 따라 기대하지 못한 외부 효과가 개입할 여지가 있기 때문이다. 간혹 A/B 테스트를 아예 안 하는 것보다는 순차 테스트라도 하는 것이 낫다는 의견이 있지만 어쩔 수 없이 순차 테스트를 해야 한다면 샘플링 오류에서 정말 자유로운가를 굉장히 꼼꼼하게 검증해야 한다. (A-B-A 테스트와 같이 시차를 두고 통제 조건을 재차 테스트해보는 것으로 보완할 수 있다.)

샘플 크기

가설을 검증하려면 어느 정도의 숫자가 필요할까? A/B 테스트를 진행하는 과정에서 유의해야 하는 점 중 하나는 실험을 시작하기 전에 샘플 크기를 미리 정해야 한다는 점이다. 샘플 크기에 대한 고려 없이 실험을 진행하면 이후에 설명할 엿보기 & 조기 중지의 함정에 빠질 수 있다. 샘플 크기 계산기는 온라인상에서 쉽게 찾아볼 수 있는데, 일반적으로 검증하고자 하는 가설, 검정력, 유의수준 등 실험 설계 조건을 입력하면 실험에 필요한 샘플 수를 계산해준다.

- http://www.evanmiller.org/ab-testing/sample-size.html
- https://docs.adobe.com/content/target-microsite/testcalculator.html

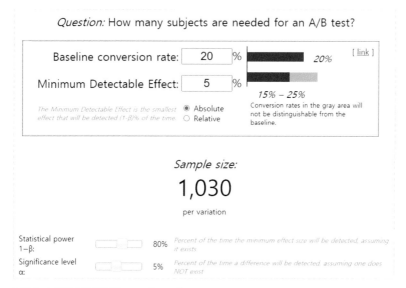

그림 5-6 샘플 크기 계산기(evanmiller.org)

4) A/B 테스트 결과를 분석하는 방법

p-value에 대한 이해

실험의 유의 수준을 판단하기 위해 통계학에서 사용하는 기준은 p값이다.
A/B 테스트 결과를 판단하기 위해서는 p값과 함께 실험의 실질적인 성과,
비용, 가치 등을 종합적으로 고려해야 한다. 통계적인 지식이 없는 경우
A/B 테스트 결과를 단순히 요약값만으로 비교하기도 하는데(예: A 조건
의 클릭율은 5.2%이고, B 조건의 클릭율은 5.4%이므로 B가 더 좋다) 이
런 식의 1차원적 비교는 잘못된 판단이 될 가능성이 있다. 단순 평균이나
합계 지표의 차이는 샘플링 방법이나 실험 설계에 따라 얼마든지 영향받
을 수 있으며, 특히 p값이나 신뢰구간에 대한 이해가 없다면 우연에 의해
서 나타난 결과와 실제 효과를 구분할 수 없기 때문이다.

물론 p값만 체크한다고 해서 실험 결과를 정확하게 분석할 수 있는 것은 아니다. 우선 많은 사람들이 p값의 의미를 잘못 이해하고 있다는 점에 주의하자. (95% 신뢰수준에서 A 조건의 클릭율이 B 조건의 클릭율보다 유의미하게 높다 → A 조건의 클릭율이 B 조건의 클릭율보다 높을 확률이 95%라는 의미로 해석하면 절대 안 된다! 앞의 두 문장은 서로 전혀 다른 의미를 갖는다.) 이 책은 통계학 교과서가 아니지만 A/B 테스트를 이해하기 위해서는 p값에 대한 이해가 필수적이므로 이 부분에 대해 간략하게 설명하려고 한다.

통계학에서 가설을 검증하는 방식을 풀어서 설명하면 다음과 같다. (정확히 말하면 통계학 중에서도 빈도주의에 해당하는 접근 방법이다.)

- 우리가 검증하고 싶은 것은 A 조건의 클릭율이 B 조건의 클릭율보다 높다(혹은 낮다)는 가설이다.
- 하지만 통계학에서는 이러한 직접 비교를 통한 검증은 불가능하다.
- 이 경우 우선 통계학에서는 우선 A 조건과 B 조건의 클릭율 차이가 없다고 가정한다. (이러한 가설을 영가설 혹은 귀무가설, 영어로는 null hypothesis라고 부른다.)
- 표본을 추출해서 검정해 봤더니 검정통계량이 매우 극단적인 값이 나온다. (여기서의 검정통계량은 흔히 이야기하는 t-통계량, F-통계량 등의 값을 의미한다.)
- 귀무가설 하에서(A 조건과 B 조건에서의 실제 클릭율 차이가 없다고 가정했을 때) 이처럼 극단적인 검정통계량이 관찰될 확률(p값)은 5% 미만이다.
- 그러면 A 조건과 B 조건은 클릭율의 차이가 있다고 판단할 수 있다.

p값은 귀무가설 하에서 관찰된 검정통계량만큼의 극단적인 값이 관찰될 확률을 의미한다. (굉장히 복잡한 말처럼 느껴지겠지만 이 문장이 p값을

정확하게 설명하는 정의이므로 다른 방식으로 설명할 수가 없다.) 이때의 검정통계량이 극단적인 값일수록 귀무가설을 반박하는 목소리를 크게 낼 수 있다고 생각하면 된다. 관련 배경지식을 이해하기 위해서는 모집단, 표본, 모수, 통계치라는 통계학의 기초부터 분포와 신뢰구간에 이르는 광범위한 분야를 이해할 필요가 있다. 이 책의 범위를 넘어서는 내용이라서 여기서 하나하나 설명하지는 않겠지만 그로스 해킹 담당자로서 A/B 테스트를 정확하게 이해하려면 통계학 개론 정도는 꼭 공부하자.

A/B 테스트 계산기

복잡한 통계 패키지를 사용하지 않더라도 여러 사이트에서 제공하는 A/B 테스트 계산기를 활용하면 A/B 테스트의 통계적 유의성을 간단하게 확인할 수 있다. 종속 변수의 형태에 따라 계산 방식이 달라지기 때문에 실험 설계에 따라 적합한 계산기를 사용하자.

종속 변수가 범주형(예: 클릭 여부, 가입 여부) – 로지스틱 회귀, 카이 제곱 검정

- https://www.evanmiller.org/ab-testing/chi-squared.html
- http://www.abtestcalculator.com/

종속 변수가 이산형(예: 클릭 횟수, 결제 금액) – T검증, 분산분석

- https://www.evanmiller.org/ab-testing/t-test.html
- https://mathcracker.com/t-test-for-two-means

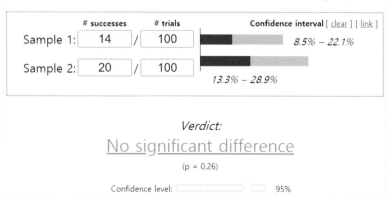

그림 5-7 A/B 테스트 유의성 계산기(evanmiller.org)

테스트 비용과 효과 크기

p값이 A/B 테스트의 결과를 판단하는 단 하나의 절대적인 기준은 아니다. 애초에 표본 크기가 커지면 p값은 낮아지는 특성이 있기 때문에 실험 집단의 규모가 매우 크다면 p값이 가지는 의미가 왜곡될 수 있기 때문이다. 또한 p값이 충분히 낮은 경우라고 하더라도 집단 간 차이 자체가 미미하다면 실질적으로는 사업적 관점에서의 의미가 없는 경우도 많다. (가령 A 조건의 클릭율은 5.220%이고, B 조건의 클릭율은 5.225%인 상황이라면 B 조건의 클릭율이 통계적으로 엄청나게 유의미하게 높다고 해도 이 결과가 현실적으로 가치 있다고 말하기는 어렵다.)

만약 구매전환율을 개선하기 위한 A/B 테스트를 진행했고 다음과 같은 결과가 나왔다고 가정해 보자.

- 통제조건(조건 A) → 구매 전환율 3%

- 실험조건(조건 B) → 구매 전환율 3.5%

- $p < .01$, 즉 99% 유의수준에서 통계적으로 의미 있는 결과

이 실험은 얼마나 가치 있는 실험이라고 할 수 있을까? p값이 0.01보다 낮은 결과가 나왔으니 엄청나게 인상적인 실험일까? 혹은 두 조건의 구매전환율 차이가 0.5%에 불과한 별 의미 없는 실험일까?

이 실험을 진행한 서비스의 DAU가 1천 명, ARPPU가 1만 원이라고 가정해 보자. 이 경우 조건 B에 따라 구매전환율이 0.5% 개선되면 일 5만 원(1,000×0.005×10,000)의 추가 매출이 발생한다. 반면 DAU가 100만 명, ARPPU가 1만 원인 서비스라면 똑같은 실험을 통해 일 5,000만 원(1,000,000×0.005×10,000)의 추가 매출이 발생할 수 있다. 즉, A/B 테스트의 가치는 단순히 테스트 자체의 결과로 인해 얻어지는 p값 외에 실험이 실질적으로 효과를 미치는 크기나 영향력을 고려해서 판단해야 한다.

5) A/B 테스트 진행 시 주의사항

대표적으로 하는 A/B 테스트의 실수는 다음과 같다.

무가설

A/B 테스트를 통해 어떤 가설을 검증하고 싶은지를 명확히 정하지 않고, 막연한 아이디어에서 출발해서 A/B 테스트를 진행하는 경우 얻을 수 있는 결과가 거의 없다. A/B 테스트의 출발점은 가설이며, 통제 집단 관리나 독립 변수와 종속 변수 정의 등 모든 실험 설계는 가설에 근거해서 진행된다는 점을 꼭 기억하자.

통제 변수 관리 실패

A/B 테스트가 실패하는 가장 큰 원인은 통제 변수를 식별하지 못했거나 찾아낸 통제 변수를 잘 관리하지 못하는 것이다. 가설에서 정의한 독립 변수 외에 종속 변수에 영향을 미칠 수 있는 다른 변수가 없는지 신중하게 판단하고 실험 집단 샘플링을 진행해야 한다.

단순 평균 비교

A/B 테스트에 따른 종속 변수를 단순히 평균 비교하면 우연에 의한 결과와 실제 효과를 혼동할 수 있다. A/B 테스트 결과는 종속 변수의 평균 비교 외에도 분포, 유의수준, 효과 크기 등을 종합적으로 고려해서 판단해야 한다.

엿보기+조기 중지

A/B 테스트에서의 엿보기와 조기 중지(peeking)란 실험을 진행하는 동안 계속 p값의 변화를 살펴보고 있다가 p값이 0.05 이하로 내려가는 시점에 갑자기 실험을 중단해 버리는 것을 의미한다. 통계적으로는 유의미한 차이가 있는 것처럼 보이겠지만 이는 명백한 어뷰징 행위다. 특히 실험 초기 p값이 안정화되지 않은 시점에 테스트를 조기 중지하면 실제로는 없는 효과를 있는 것처럼 판단할 수 있다.

시간의 흐름에 따른 차이를 살펴보지 않는 것

A/B 테스트 기간 전체에 대한 종속 변수 평균을 비교하는 것도 중요하지만 시간의 흐름에 따라 종속 변수가 어떻게 변화했는지를 보는 것도 굉장히 중요하다. 실제로 실험 초기에는 조건별 차이가 나는 것 같다가 후반부에는 조건별 차이가 없는 경우, 혹은 그 반대의 경우가 종종 발생한다. 이

경우 실험 집단 샘플링에 실패했거나, 특정 시점에 기능 오류가 발생했거나, 혹은 데이터 수집 과정에서의 오류일 수 있으므로 실험 과정을 시간의 흐름에 따라 꼼꼼하게 재확인하는 것이 필요하다.

과거의 A/B 테스트 경험을 지나치게 신뢰하는 것

잘 설계한 A/B 테스트를 통해 의미 있는 결과가 나왔다고 해서 '앞으로도 계속 그 결과가 유효할 것이다'라고 보장할 수는 없다. 시장의 변화, 계절 등 외부 환경의 변화, 사용자층의 변화, 사용자들의 취향 변화 등 다양한 요인에 의해 A/B 테스트 결과는 얼마든지 달라질 수 있다. 한번 진행된 A/B 테스트 결과가 만고불변의 진리라고 믿어서는 안 된다. 어제의 최적화는 오늘의 레거시일 수 있다는 점을 기억하자.

국지적 최적화의 함정

A/B 테스트는 기본적으로 주어진 조건 안에서 성과를 비교하는 실험이다. A/B 테스트는 A와 B라는 조건 중 B가 더 좋다는 점을 알려줄 수 있지만 B가 모든 경우에서 가장 좋은 최적의 조건이라는 것을 말하지는 않는다. 즉, 애초에 A와 B라는 조건 자체가 최선이 아니었다면 A/B 테스트의 임팩트 자체가 크지 않을 수도 있다. A/B 테스트는 전역 최적화(Global Optimization)가 아닌 국지적 최적화(Local Optimization)를 찾는 실험이라는 점을 유의해야 한다.

06장

그로스 조직과
업무 프로세스

6.1 그로스 조직 만들기

1) 그로스 해커(Growth Hacker)는 없다

지금까지 계속 살펴본 것처럼 '그로스 해킹'이라고 부를 수 있는 업무의 범위는 굉장히 넓다. 데이터를 분석할 수 있는 환경을 만들고, 주요 지표를 정의하고, 지표 개선을 위한 실험을 진행하고, 실험 결과를 바탕으로 새로운 배움을 얻는 이 과정은 뛰어난 한두 명이서 모두 해낼 수 있는 일이 아니다. 지금까지 이 책에서 '그로스 해킹(Growth Hacking)'이라는 용어는 많이 나왔지만 '그로스 해커(Growth Hacker)'라는 단어가 한 번도 사용되지 않았다는 사실을 눈치챈 독자들도 있을 것이다. 앞서 언급한 것처럼 그로스 해킹은 한 사람이 맡아서 진행하는 특정 업무가 아니다. **그로스 해킹은 다양한 직군의 사람들이 각자의 전문성을 발휘하면서 협업하는 프로젝트성 업무에 가깝다.** 결국 그로스 해킹을 하고 싶다면 이를 위한 조직이나 팀을 구성하는 것이 반드시 필요하다. 우리에게는 그로스 해커가 아닌 그로스 해킹 팀이 필요하다.

2) 그로스 조직의 목표

그로스 해킹 팀은 일반적으로 두 가지 목표를 갖는다. **가장 중요한 목표는 핵심 지표를 개선하는 것이다.** 이를 위해서는 우선적으로 무엇이 핵심 지표인지를 정의하고 측정할 수 있어야 한다. 그리고 가설-실행-검증으로 이어지는 일련의 과정을 반복하면서 핵심 지표를 가시적으로 개선해야 한다. 물론 이 과정에서 핵심 지표의 개선이 서비스 전체적인 측면에서 글로벌 최적화에 기여하는지도 함께 고려해야 한다.

다음으로 가져야 할 목표는 **그로스 조직이 회사에 성장 DNA를 전파하는 조직이 돼야 한다는 점이다.** 지금 중요한 지표가 무엇인지 사내에 공유하고, 데이터 기반의 커뮤니케이션이 이뤄지도록 돕고, 사내 구성원들이 가설을 수립하고 실험을 통해 검증하는 업무 프로세스를 이해하고 실행할 수 있도록 이끄는 역할을 해야 한다. 특히 회사 조직도가 기능 조직으로 돼 있는 경우 그로스 조직은 전사에서 AARRR 프레임워크를 기반으로 한 주요 지표들을 챙기는 유일한 팀일 가능성이 높다. 그로스 조직의 DNA를 빠르게 회사 내 다른 구성원에게 전파하지 못하면 그로스 조직은 사내에서 고립되어 의미 있는 성과를 만들기 어려워진다.

3) 그로스 조직 구성원

앞서 언급한 것처럼 그로스 해킹은 뛰어난 그로스 해커 한 명이서 할 수 있는 업무가 아니다. (그로스 해커는 없다!) 그로스 해킹을 하기 위해서는 천재 한 명과 그를 따르는 사람들이 필요한 게 아니라 각 분야에서 자기 몫을 할 수 있는 프로페셔널 구성원들이 필요하다.

일반적으로 그로스 해킹 조직은 다음과 같이 직군별 스페셜리스트의 집단으로 구성하는 것을 권장한다.

- 그로스 PM(Growth PM)
- 그로스 엔지니어(Growth Engineer)
- 그로스 마케터(Growth Marketer)
- 그로스 디자이너(Growth Designer)
- 그로스 데이터 분석가(Growth Data Analyst)

하지만 현실적으로 이 모든 직군으로 구성된 팀을 만들 수 있는 회사는 많지 않다. 그렇다면 그로스 조직을 만들기 위한 최소한의 구성은 어떻게 정의할 수 있을까? 그로스 조직이 되기 위한 최소한의 요건은 **성장 실험을 할 수 있는 멤버**를 보유한 팀이라고 생각한다. 즉, 1) 실험을 설계하고 2) 실험 환경을 구축하고 3) 실험 결과 데이터를 분석할 수 있는 멤버를 보유한 조직이면 된다. 어떤 문제를 풀기 위한 실험을 하느냐에 따라 다를 수 있지만 개발자와 디자이너, 혹은 개발자와 분석가로 이뤄진 소규모 조직이더라도 이러한 성장 실험에 적합한 역량을 가지고 있다면 그로스 팀으로 업무를 시작하는 데는 큰 무리가 없다.

앞서 모든 직군명에 '그로스(Growth)'라는 용어를 붙인 점에 대해 의아하게 여기는 독자도 있을 것이다. '*그냥 엔지니어라고 하면 안 되나? 엔지니어와 그로스 엔지니어는 뭐가 다른 거지? 마케터와 그로스 마케터는 어떤 차이가 있지?*' 같은 의문이 들 수 있다. 개인적으로 이 질문은 '*디자이너와 UX 디자이너는 무엇이 다를까?*'와 본질적으로 같은 질문이라고 생각한다.

디자이너와 UX 디자이너는 무엇이 다를까? 이 질문에 답하려면 UX가 사용자 경험(User Experience)의 줄임말이라는 점을 우선 이해해야 한다. 즉, UX 디자이너는 사용자 경험에 근거한 디자인 업무를 진행할 수 있는 역량을 갖춘 디자이너다. 사용자를 만나지 않고, 사용자 리서치 방법론을 전혀 모르고, 사용자 데이터를 전혀 보지 않는데 UX 디자이너라고 할 수 있을까? '*저는 사용자를 고려한 디자인을 하고 있어요*'라는 이야기는 누구나 할 수 있다. (증명할 수도 없다.) UX 디자인을 한다고 이야기하는 디자이너는 많지만 실제로 모든 UX 디자이너들이 사용자 데이터를 꼼꼼히 들여다보고, 사용자 인터뷰를 통해 나타나는 구체적인 사용 맥락을 포착하고, 디자인 산출물에 대한 사용자 피드백을 꼼꼼하게 확인하는 것은 아니다. **UX 디자이너로 불리길 원한다면 단순한 마인드셋 정도가 아니라 실제로 사용자를 중심에 놓고 일하는 프로세스와 사용자 데이터를 획득하고 분석해서 업무에 활용할 수 있는 역량을 갖춰야 한다.**

그로스 엔지니어, 그로스 디자이너, 그로스 마케터 같은 직군에 대해서도 같은 원리가 적용된다. 단순히 주어진 기능을 개발해서 정해진 일정대로 출시하거나, 요청받은 데이터를 보고 분석 보고서를 만든다고 해서 그로스 엔지니어나 그로스 데이터 분석가라고 말하긴 어렵다. **마찬가지로 직군에 '그로스'를 붙이려면 그에 맞게 일하는 프로세스와 역량을 갖춰야 한다는 점을 기억하자.** 그로스 직군에게 요구되는 업무 프로세스와 역량은 지표, 데이터, 측정, 가설, 검증, 실험, 스프린트, 반복 등의 용어로 설명할 수 있다. 이에 대해서는 이후 이어질 그로스 조직이 일하는 방식에서 더 자세히 논의하겠다.

4) 그로스 조직 구조

전사적인 관점에서 그로스 조직을 어떻게 구성할 수 있을까? 이를 위해서는 리포팅 라인, 전담 인력 구성, 협업 구조에 대한 전사 관점에서의 의사결정이 필요하다.

- **리포딩 라인**: 그로스 조직의 상위 의사결정권자가 누구인가?
- **전담 인력 구성**: 그로스 업무만 전담해서 진행하는 인력을 얼마나 배치할 것인가?
- **협업 구조**: 사내 다른 조직과 어떤 구조로 커뮤니케이션하는가?

우버(Uber)의 초기 그로스 팀을 이끌었고, 지금은 앤드리슨 호로위츠 (Andreessen Horowitz)의 파트너로 일하고 있는 앤드류 첸(Andrew Chen)은 다음과 같은 3가지 형태의 그로스 조직 구조를 제안했다.

크로스펑셔널 팀 구조(Cross Functional Team Structure)

크로스펑셔널 팀 구조에서는 기능 조직에 소속된 각 직군별 담당자들이 모여서 그로스 해킹을 하는 목적 조직을 구성하게 된다. 그로스 PM, 그로 스 엔지니어, 그로스 마케터 등 각 직군별 담당자들은 기능 조직과 목적 조직에 모두 소속된다. 이 구조에서는 그로스 조직의 실질적인 그로스 PM 이 맡은 역할이 매우 중요하다. 이상적인 구조이지만 현실적으로는 이러 한 구조로 된 조직을 만나기는 쉽지 않다. 각 직군별로 리소스 상황이 제 각각인 경우가 많고, 기능 조직과 목적 조직을 동시에 잘 유지해 나가는 것이 보기보다 어렵기 때문이다. 또한 이 구조에서는 그로스 조직의 리포 팅 라인이 모호해질 수 있다는 문제점도 있다.

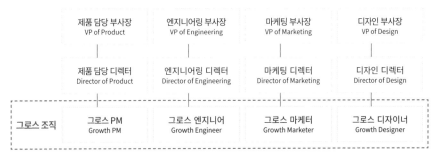

그림 6-1 크로스펑셔널 팀 구조(출처: andrewchen.co)[24]

독립 팀 구조(Independent Team Structure)

독립 팀 구조는 기존의 기능 조직과는 별개로 독립된 그로스 조직을 새롭게 만드는 형태로 이뤄진다. 전사적으로 그로스 조직에 크게 힘을 싣는 구조라고 볼 수 있다. 그로스 조직에 대한 CEO의 의지가 강력하거나 그로스 조직을 이끌 임원이 새롭게 영입되는 경우 이런 조직 구조를 가져가는 경우가 많다. 이러한 조직 구조는 레거시의 영향을 받지 않고 그로스 업무에 집중할 수 있다는 장점이 있다. 또한 그로스 조직에 속한 구성원들의 리소스를 온전히 그로스 업무에 사용할 수 있기 때문에 업무의 집중도와 속도 측면에서도 장점이 뚜렷하다. 반면 독립 팀 구조의 단점은 전사적인 커뮤니케이션 복잡도가 커질 수 있다는 점이다. 그로스 조직과 기존 조직이 어떻게 협업할지에 대한 구조를 잘 정의하지 않으면 그로스 조직이 사내에서 고립되기 쉬운 구조이기도 하다.

그림 6-2 독립 팀 구조(출처: andrewchen.co)

복합 구조(Mixed Structure)

복합 구조는 크로스펑셔널 팀 구조와 독립 팀 구조의 장점과 단점을 절충한 형태다. 별도 조직을 구성하지만 일부 인원은 파견이나 겸직 발령 형태로 기존의 기능 조직 형태를 유지한다. 복합 구조는 그로스 조직에 어느 정도 힘을 실으면서도 동시에 기존 조직과의 커뮤니케이션 복잡도를 크게 높이지 않는 절충안이라고 볼 수 있다. 개념적으로는 복잡해 보이지만 의

외로 많은 조직이 이런 구조를 선택한다. 기존 조직에 주는 영향이 적기 때문에 리소스가 충분하지 않은 경우라면 이러한 복합 구조가 효율적인 대안이 될 수 있다. 다만 이런 조직 구조에서는 구성원 개개인의 리소스 관리가 까다롭다는 단점이 있다.

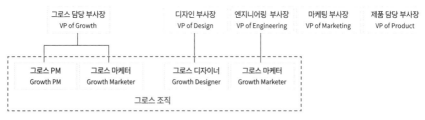

그림 6-3 복합 구조(출처: andrewchen.co)

이상으로 그로스 조직의 목표와 구성원의 요건, 조직 구조를 결정하는 여러 방안을 살펴봤다. 당연하게도 그로스 조직 구조에 대한 하나의 정답이 있는 것은 아니다. 풀고 싶은 문제가 무엇인지, 현재 조직의 구조가 어떤지, 실험을 기반으로 한 성장 조직을 경험한 사람이 얼마나 있는지, 사내 커뮤니케이션이 이뤄지는 스타일이 어떤지, 각 직군별 리소스 상황은 어떤지, 그로스 조직을 이끄는 사람이 어떤 백그라운드와 역량을 갖추고 있는지 등 조직마다 가진 여건이 서로 다르기 때문이다.

그로스 조직 구조에 대한 정답은 없지만 최소한의 가이드라인은 존재한다. 우선 개별 구성원들이 직군별로 충분한 전문성을 갖춘 프로페셔널이어야 한다. 구성원 개개인이 그로스 마인드셋과 그로스 해킹 업무 프로세스를 잘 이해하고 있어야 한다. 마지막으로는 그로스 조직을 구성하는 것만큼이나 전사적 관점에서 그로스 조직이 다른 부서와 협업하는 구조를 어떻게 설계하느냐가 대단히 중요하다. 그로스 조직이 사내에 긍정적인 영향력을 전파하는 부서가 될 수도 있지만, 반대로 사내에서 외딴 섬처럼 떨어져서 고립된 조직이 될 위험성도 존재한다는 점을 꼭 기억하자.

6.2) 그로스 조직이 일하는 방식

그로스 조직이 일하는 방식을 요약하면 다음과 같다.

- 데이터를 기반으로 가설을 세우고
- 실험을 바탕으로 이를 검증하고
- 배움을 축적하는 과정을 빠르게 반복한다

아래에서 더 자세히 설명하겠지만 그로스 조직이 일하는 방식은 흔히 스프린트(Sprint)로 알려진 구글의 기획 실행 프로세스와 크게 다르지 않다. 물론 모든 경우에 적합한 업무 프로세스라는 것은 없으므로 아래의 각 단계에 대한 설명을 참고해서 조직에 맞는 형태로 변형해서 사용하기를 권장한다.

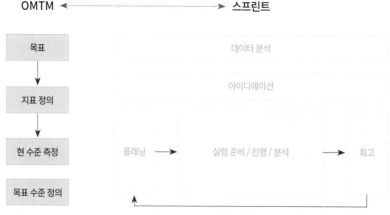

그림 6-4 그로스 조직이 일하는 방식

그로스 조직이 일하는 방식에서 가장 핵심이 되는 부분은 프로세스 전반에 걸쳐 목표와 실행이 서로 영향을 주고받아야 한다는 점이다. 목표가 수립되면 해당 목표를 달성하기 위한 실험을 스프린트 형태로 진행한다. 그리고 실험의 성과에 따라 목표 수준이 재조정되거나 목표 자체를 바꾸게 된다. 이후에는 바뀐 목표를 기반으로 새로운 스프린트가 진행된다. 이처럼 목표와 실행이 항상 함께 고려돼야 하고 전체 단계가 빠르게 반복되면서 배움이 축적된다는 점이 그로스 조직이 일하는 방식의 특성이다. 하나의 스프린트 기간은 조직이나 목표, 업무 방식에 따라 달라질 수 있지만 보통 2주 ~ 4주 정도로 잡는 것이 일반적이다.

목표 지표를 정의하고 측정하기

본격적인 실행 단계에 들어가기에 앞서 목표를 명확하게 정의할 필요가 있다. 그로스 조직을 통해 이루고 싶은 목표가 무엇인가? 그리고 어떤 지표를 바탕으로 그 목표의 달성 여부를 판단할 수 있는가를 우선 정의해야 한다. 또한 목표 달성 여부를 측정하는 정확한 지표와 그 기준에 대한 조작적 정의를 하고 이를 모든 구성원들이 동일한 수준으로 이해해야 한다.

목표는 정성적, 개념적인 언어로 표현할 수 있다('자주 방문하는 충성 고객을 늘린다'). 하지만 지표는 명확하게 측정 가능한 수준으로 구체화해야 한다. (가령, '충성 고객 증가는 리텐션으로 판단하며, 리텐션은 30일 클래식 리텐션 기준으로 가입 기준 1개월 동안의 지표를 확인한다'.)

목표와 핵심 지표가 정해지면 해당 지표의 현재 수준은 어떠한지 확인하는 것이 필요하다('지난 3월에 가입한 회원을 기준으로 한 30일 클래식 리텐션은 25%다'). 그리고 이 지표를 어느 수준까지 변화시킬 것인지에 대한 목표치도 미리 설정해야 한다('가입 기준 1개월 동안의 30일 클래식 리텐션을 45% 수준으로 올리는 것을 목표로 한다').

아이디에이션과 데이터 분석

아이디에이션은 진행할 실험에 대한 아이디어를 수집하고 구체화하는 과정을 의미한다. 이때 유의해야 할 점은 **아이디에이션은 특정 시기에만 하는 게 아니라 스프린트의 전체 기간 동안 지속적으로 진행해야 한다는 점이다.** 즉, 실험을 준비하고 진행하는 것과 새로운 실험 아이디어를 찾는 것은 동시에 진행해야 한다. 앞의 그림 6-4에서 아이디에이션은 실험의 전 과정에 걸쳐 있는 이미지로 표현됐다는 점에 유의하자. 일반적으로 실험 아이디어들은 공유 문서함 등을 통해 모든 구성원들이 회람하면서 자유롭게 의견을 나눌 수 있게 하는데, 이를 '아이디어 공급로'라고 부른다. 아이디어 공급로에 담긴 아이디어의 수를 늘리는 것도 물론 중요하지만 그보다 더 중요한 것은 구성원들의 토론과 관련된 데이터 분석을 통해 아이디어의 퀄리티를 일정 수준 이상으로 유지하는 것이다.

또 한 가지 주의해야 할 점은 아이디에이션이 단순 브레인스토밍이 아니라는 점이다. 아무런 자료 없이 혼자서 생각하다가 한 순간에 우연히 좋은 아이디어를 발견할 확률은 대단히 낮다. **좋은 아이디어는 여러 데이터와 시행착오를 거쳐서 조금씩 다듬어가는 과정을 통해 만들어진다.** 아이디에이션과 데이터 분석이 스프린트의 전 과정에서 병행돼야 하는 이유가 여기에 있다. 그로스 조직에서는 질문과 답변이 빠른 주기로 반복되면서 이러한 아이디어를 얻기 위한 자료들이 생성되는데, 이 과정을 효과적으로 진행하려면 데이터 분석가들의 적극적인 참여가 필요하다. 데이터 분석가의 역량만큼이나 중요한 것은 구성원들이 얼마나 좋은 질문을 할 수 있느냐다. 다양한 직군의 구성원들이 각자의 전문 분야를 바탕으로 활발한 의견을 제시하고, 좋은 질문을 던지고, 데이터를 통해 상세한 내용을 확인하고, 건강한 토론을 진행할 수 있다면 충분히 좋은 실험 아이디어를 얻을 수 있다. 흔히 아이디에이션 과정에서는 적극적인 참여를 유도하기 위해 아이디어의 완성도와 무관하게 아이디어를 많이 내는 것이 권장되지만 장기적으로 봤을 때 아이디어의 퀄리티를 일정 수준 이상으로 유지하는 것도 굉장히 중요하다. 이를 위해서는 단순히 아이디어를 많이 나열하는 것이 아니라 데이터와 토론을 통해 아이디어를 다듬고 발전시키는 데 많은 노력을 기울여야 한다.

플래닝

아이디에이션과 플래닝을 혼동하는 경우가 많은데 이 둘은 전혀 다른 과정이다. **아이디에이션이 다양한 아이디어를 생각하고 구체화하면서 아이디어 공급로를 채우는 것이라면, 플래닝은 아이디어 공급로에 있는 아이디어의 우선순위를 정의하고 실험 대상이 되는 아이디어를 선별하는 프로세스를 의미한다.** 즉, 플래닝은 아이디어를 내는 과정이 아니라 해당 스프린트에 실험할 아이디어를 선택하는 과정이다. 아이디어의 우선순위를 정하기 위해서는 목표로 삼은 지표가 명확해야 하며, 스프린트에서 활용 가능한 리소스나 일정 등을 함께 고려해야 한다.

아이디어 우선순위를 정할 때는 ICE 프레임워크가 널리 사용된다. ICE는 Impact, Confidence, Ease의 앞 글자를 따서 만든 용어다. 말 그대로 실험의 임팩트, 성공에 대한 자신감, 진행 난이도에 따른 점수를 매기고 이를 합산해서 각 아이디어에 대한 점수를 구한 다음, 이를 참고해서 아이디어의 우선 순위를 결정한다.

- **임팩트(Impact)**: 이 실험이 성공하면 얼마나 큰 효과가 있을까?

- **자신감(Confidence)**: 이 실험이 성공할 거라고 얼마나 확신하는가?

- **난이도(Ease)**: 이 실험을 하기 위한 리소스가 얼마나 드는가?

ICE 프레임워크를 기반으로 한 우선순위 선정 과정에서 유의해야 할 점은 ICE 점수가 아이디어 우선순위를 정하는 절대적인 기준이 되어서는 안 된다는 점이다. 좀 더 권장되는 방법은 ICE 점수를 참고해서 그로스 조직의 리더가 아이디어 우선순위와 실험 여부를 최종적으로 정하는 것이다. 다수의 의견을 참고하는 것은 바람직하지만 무조건적으로 다수 의견에 따라 의사결정을 내려서는 안 된다. 특히 많은 사람들의 리소스가 걸려있는 실험에 대한 의사결정은 책임 소재가 불분명한 다수의 의견을 따르기보다는 책임 있는 1인이 결정하는 것이 바람직하다. 물론 이 과정에서 그로스 조직 리더의 편견이나 독단이 개입될 여지를 줄이기 위해 의사결정 결과와 별개로 각 아이디어의 ICE 점수 자체는 공개하는 것이 좋다. (그로스 리더가 다수의 의견에 반하는 결정을 내릴 수는 있지만, 그렇다면 그만큼의 부담을 갖게 하는 편이 바람직하기 때문이다.)

실험 준비, 진행, 분석

아이디어를 선정한 후 이를 구체화하다 보면 세부 사항에서 부딪히는 지점이 발생할 수 있다. 실험을 진행하다 보면 소소하게는 화면에 표시되는 안내 문구부터 디자인 구성 요소의 배치나 정렬 등 굉장히 많은 것들을 결정해야 한다. 책임자를 정하지 않는 경우 이 과정이 필요 이상으로 길어질 수 있다. 더 큰 문제는 아무도 책임지지 않는 적당한 타협안이 실험 대상으로 최종 선정되는 것이다. 이 때문에 그로스 조직 리드가 그때그때 실험에 대한 의사결정을 하거나 각 실험별로 책임자(Owner)를 정한 후 각 책임자의 판단하에 해당 실험에 관련한 의사결정을 내리게 하는 것이 좋다.

또한 각 실험을 진행할 때마다 실험 계획과 진행 상황, 결과 및 성과 분석을 꼼꼼하게 문서화하는 것이 매우 중요하다. 이 문서는 위키(wiki) 등의 형태로 공유해서 그로스 조직 구성원들이 누구나 쉽게 확인하고 수정할 수 있게 해야 한다. 실험의 종류에 따라 다르지만 실험 위키에는 다음과 같은 내용이 포함된다.

- **개요**: 실험을 하게 된 배경, 실험의 책임자가 누구인지, 각 파트별 담당자가 누구인지
- **가설**: 실험을 통해 검증하고자 하는 가설
- **설계**: 대상자, 실험 범위, 독립 변수, 종속 변수, 통제 변수, 측정방법
- **목표**: 종속 변수의 목표 수준
- **일정**: 실험을 위한 개발 및 배포 일정, 실험 기간
- 기타 참고사항

실험을 설계하고, 결과를 분석하는 방법에 대해서는 앞서 설명한 A/B 테스트 관련 내용을 참고하자.

회고

스프린트가 마무리되면 회고를 통해 진행했던 업무를 돌아보고 실험의 성과를 리뷰해야 한다. 회고 대상은 업무 프로세스부터 구체적인 실험의 성과까지 스프린트 기간 동안 경험한 모든 것이 될 수 있다. 많은 조직이 회고를 진행하지만 건강하고 생산적인 회고를 진행하는 조직은 생각보다 많지 않다. 만약 스프린트 회고 때 나온 아쉬운 점이 다음 스프린트의 회고

때도 똑같이 나온다면 회고의 생산성에 대해 고민해 볼 필요가 있다.

일반적으로 회고는 그로스 조직 구성원들이 돌아가면서 지난 스프린트에서 경험했던 것 중 좋았던 점, 아쉬웠던 점 등을 이야기하는 형태로 진행된다. 물론 회고 미팅 전에 이 부분에 대해 충분히 고민하고 들어오면 좋겠지만 현실적으로는 회고 미팅에 참석해서 다른 사람이 이야기를 하고 있을 때가 돼서야 급하게 이야깃거리를 찾는 경우가 많다. (미리 생각하고 들어오라고 공지할 수는 있지만 사람들은 회고 내용을 절대로 미리 생각해서 들어오지 않는다!) 개인적으로 추천하는 방법은 회고 미팅을 위해 모두 모인 다음 개인적인 의견을 정리할 수 있는 시간을 따로 주는 것이다. 또한 이 과정에서 회고에 온전히 집중할 수 있도록 종이와 펜을 사용하는 것이 좋다. (컴퓨터를 이용해서 의견을 정리하게 하면 그 시간 동안 메일이나 메신저에 답변하거나 다른 업무를 처리하는 사람이 꼭 생긴다!) 실제로 마이리얼트립 그로스 조직에서 회고를 할 때는 모두 회의실에 모인 상태에서 펜과 A4 용지를 나눠주고 15분 정도 의견을 정리해서 쓸 수 있는 시간을 따로 마련했다. 이처럼 개인별로 충분한 의견을 정리할 수 있는 시간을 준 뒤에 본격적인 회고를 진행했는데, 이렇게 하면 즉흥적으로 이야기하는 것보다 훨씬 더 깊이 있는 의견을 나눌 수 있다.

회고 항목은 '좋았던 점' 혹은 '나빴던 점'처럼 애매모호하게 적도록 해서는 안 된다. 항목이 명확할수록 구체적이고 생산적인 피드백이 나올 가능성이 높아진다는 점을 기억하자. 개인적으로는 다음과 같은 항목으로 회고 질문을 던졌을 때 의미 있는 답변을 많이 들을 수 있었다.

- 이번 스프린트를 통해 배운 것

- 지금처럼 유지하거나, 더 많이 할 것

- 더 적게 하거나, 다른 방법으로 할 것

생산적인 회고는 다음 스프린트의 플래닝으로 이어진다. 또한 잘 진행된 회고는 업무가 훨씬 더 효율적이고 빠르게 진행될 수 있도록 프로세스 자체를 다잡는 데도 도움이 된다. 만약 그로스 조직이 구성되고 처음 5번의 스프린트를 진행하는 과정이라면 회고를 통해 스프린트 자체가 개선되고 있는지를 꼭 살펴보자.

잘 진행된 회고는 다음 스프린트에 엄청나게 긍정적인 영향을 준다. 하지만 충분한 준비를 하지 않고 회고를 진행하게 되면 그냥 소감을 발표하는 자리 정도로 끝나는 경우가 많다. 그냥 일이 끝났다는 데 의미를 부여하고 서로 듣기 좋은 이야기만 적당히 나누고 끝나는 회고만큼 무의미한 것은 없다. 회고에서 나온 '더 적게 하거나, 다른 방법으로 할 것'에 해당하는 의견들은 다음 회고 때 개선됐는지 반드시 체크해야 한다.

6.3 성장을 위한 문화

1) 그로스는 톱-다운 (Top-down)

성장을 위한 전사적인 문화를 만드는 것과 관련해서 가장 먼저 언급하고 싶은 부분은 경영진의 의지와 역할이다. 그로스 해킹을 위해서는 경영진의 역할이 굉장히 중요하다. 실제로 많은 조직에서 그로스 해킹 기반의 업무 방식이나 프로세스를 도입하려고 할 때 첫 번째 단계는 경영진을 설득하는 일이다. 경영진이 이미 그로스 해킹의 철학에 대해 이해하고 있고 실험을 통한 성장 방법론에 대해 잘 알고 있다면 이 같은 설득 과정은 굳이 필요가 없다. **경영진을 설득하지 않아도 되는 그로스 조직은 출발선에서 이미 한참 앞서 있는 셈이다.** 그로스 조직이 성장 실험에 집중하지 못하고 경영진을 비롯한 의사결정권자들을 설득하는 데 많은 시간을 보내야 한다면 당연하게도 성과를 기대하기 어려울 것이다.

경영진이 데이터 분석이나 그로스 해킹을 중요하게 생각하는 것만으로 충분한 것은 아니다. 그로스 해킹이 중요하다고 이야기하는 경영진들은 많다. 하지만 실제로 중요한 것은 경영진이 실제로 데이터 분석과 그로스 해킹을 위한 리소스와 자원, 시간을 어느 정도 배정하고 투자하느냐다. **경영진의 의지는 말이 아니라 투자하는 리소스로 증명된다.**

이러한 측면에서 경영진과 그로스 조직 간 원활한 커뮤니케이션을 주고받을 수 있는 그로스 조직 리더의 역할이 굉장히 중요하다. 그로스 리더는 CEO를 비롯한 경영진으로부터 성장 실험을 할 수 있는 리소스와 자원을 충분히 확보하고, 조직 외부의 불합리한 간섭으로부터 조직원을 보호할 수 있어야 한다. 또한 그로스 조직과 나머지 조직 간에 원활한 협업과 커뮤니케이션이 진행될 수 있게 지원하며, 그로스 조직뿐 아니라 전사 구성원 모두에게 그로스 마인드셋을 전파하는 역할도 담당해야 한다.

2) 제품 개발(Production)과 성장(Growth)의 조화

일반적인 제품 개발 단계를 살펴보자. 제품을 새롭게 개발하거나 기존 제품을 개선하려면 비즈니스 목표와 마일스톤을 정하고 일정에 따라 순차적인 제품 개발 과정을 진행해야 한다. 그로스 해킹은 이러한 제품 개발 프로세스 자체를 대체하는 것이 아니다. 그로스 해킹은 기존의 제품 개발 프로세스를 보완하고 필요한 부분을 검증하면서 디테일을 챙기도록 해 주는 역할을 한다. 그래서 일반적으로는 그로스 해킹을 한다고 해서 제품 개발 속도가 빨라지지는 않는다. (오히려 제품 개발 속도 자체는 느려질 수도 있다.)

가령 마이리얼트립 같은 여행 플랫폼 서비스에서 항공 예약 서비스에 진출할지 여부를 그로스 해킹 실험을 통해 결정할 수 있을까? 당연히 그럴 수 없고, 그래서도 안 된다. 항공 예약 서비스에 진출하는 것은 비즈니스 차원의 의사결정이고, 이를 위해 목표 일정을 정하고 개발을 진행하는 것은 그로스 해킹과 무관하게 진행되는 제품 개발 과정이다. 다만 어떤 식으로 항공 예약 서비스를 만들어야 전환율이 높아질지, 항공 예약을 하는 고객들에게 어떤 장치를 통해 크로스셀을 유도할지, 항공 예약 잠재 고객을 어떤 채널을 통해 데려올 수 있을지 같은 문제는 그로스 해킹 실험이 기여할 수 있는 부분이다. 즉, **제품 개발(Production)과 그로스 해킹 및 성장 실험은 서로의 대체제가 아니라 보완재로 활용돼야 한다.**

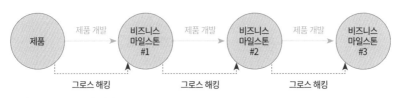

그림 6-5 제품 개발과 성장

3) 데이터 접근성 높이기

전사적으로 데이터를 기반으로 일하는 문화를 만들려면 무엇보다 구성원 개개인이 쉽게 데이터에 접근하고 인사이트를 얻을 수 있는 환경이 구축돼야 한다. 앞서 데이터 활용을 위한 역량과 문화 갖추기 절에서 언급한 바와 같이 업무에 필요한 데이터를 추출하기 위해 복잡한 승인 단계를 거쳐야 하거나 간단한 데이터 추출을 요청했는데 며칠을 기다려야 결과를 확인할 수 있다면 현실적으로 데이터를 잘 활용할 수 있는 문화를 갖고 있다고 말하기 어렵다.

과거에는 데이터 엔지니어나 분석가 등 관련 직무에 있는 소수의 사람들만 사내 데이터 시스템에 접근하도록 제한하는 것이 일반적이었다. 하지만 최근에는 전사적인 데이터 활용 역량을 높이기 위해 비즈니스 담당자나 마케팅 담당자 등 실무에서 데이터를 사용하는 다양한 직군의 구성원들이 직접 데이터 시스템에 접근해서 필요한 정보를 바로바로 추출하도록 지원하는 회사가 늘고 있다. 실제로 이러한 프로세스로 업무를 진행하면 그때그때 데이터 분석가나 개발자에게 요청해서 필요한 데이터를 받아야 하는 환경 대비 데이터 활용도를 비약적으로 증가시킬 수 있다. 각 부서의 실무자에게 데이터 접근 권한을 폭넓게 열어주는 것은 전사적인 데이터 리터러시(Data Literacy)를 크게 높이는 효과를 가져온다. (물론 데이터 접근 권한을 열어준다고 해서 데이터 리터러시가 자동으로 높아지는 것은 아니지만 그래도 필요 조건의 하나라고는 볼 수 있다.)

이러한 환경을 만드는 데는 여러 가지 장애물이 있을 수 있다. 데이터에 대한 접근성을 높이는 데 가장 큰 장애가 되는 것은 보안이다. 하지만 꼭 보안 수준과 데이터의 접근성이 반비례한다고 볼 수는 없다. 데이터를 기반으로 성장하는 회사 문화를 만들고 싶은 조직이라면 높은 보안 수준을 유지하면서 사내 데이터 접근성을 최대한 높이는 방법을 고민해야 한다. 사실 이런 부분은 기술적인 이슈이기도 하지만 동시에 경영진의 의지나 철학에 따라 얼마든지 새로운 방법을 찾을 수 있는 부분이기도 하다.

마지막으로는 데이터가 특정 조직의 자산처럼 사유화되지 않게 해야 한다. 데이터는 팀이 아니라 회사 전체의 자산이라는 공감대가 반드시 필요하다. 사내에서 데이터를 책임지는 팀은 일반적으로 적지 않은 영향력을 갖게 된다. 이 팀의 판단에 따라 데이터를 수집하고, 핵심 지표를 정의하고, 측정하는 과정 전반이 영향을 받기 때문이다. 극단적으로는 이 팀에서 목표 지표를 어떻게 정의하고 측정하느냐에 따라 다른 부서의 성과 판단이 달라질 수 있다. 이러한 점을 고려해서 데이터를 가진 조직이 '갑질' 하지 않도록 열린 문화를 유지하는 것은 매우 중요하다. 데이터 분석과 활용을 잘 하는 조직을 목표로 한다면 우선적으로 **데이터가 흐르는 조직**을 만들어야 한다. 이는 이어서 설명할 협업 문화와도 굉장히 밀접하게 연결된다.

4) 협업 문화 만들기

그로스 해킹은 다양한 직군 간의 협업을 통해 진행된다는 점을 앞서 설명했다. 실제로 성장을 위한 문화는 조직 내부에서의 원활한 협업 수준에 좌우되는 부분이 많다.

그로스 조직에 여러 부서의 사람들이 한꺼번에 모이면 그 안에서 협업이나 커뮤니케이션이 잘 될지 궁금해하는 경우가 많다. 초기에 일부 시행착오를 겪을 수는 있지만 일반적으로 이러한 조직에서의 협업은 굉장히 잘 되는 편이다. 뚜렷한 목표가 있고, 업무 상황이나 진행 과정에서의 이슈가 바로바로 공유되고, 실험이 완료됐을 때의 성과를 즉각적으로 확인할 수 있기 때문이다.

협업과 관련된 대부분의 문제는 그로스 조직과 나머지 조직 사이에서 발생한다. 그로스 조직이 사내에서 외딴 섬처럼 존재하고, '저 팀은 도대체 뭘 하는 거지?'라는 이야기를 듣기 시작한다면 이 경우 그로스 조직은 100% 실패한다고 볼 수 있다. 그로스 조직의 목표와 업무 방향이 전사적으로 충분히 공유되지 않은 상황이라면 아무리 그로스 실험의 성과가 좋더라도 그 실험 결과를 서비스에 반영하는 과정에서 많은 난관에 부딪힌다. 이를 방지하려면 그로스 조직과 기존 사업부서 간 인풋과 아웃풋을 엄청나게 주고받는 구조가 돼야 한다. 그로스 조직의 핵심지표와 사업부서의 목표를 서로 잘 이해한 상태에서 그로스 조직의 성과가 사업부서의 성과와 연계돼 있어야 효율적인 협업이 가능하다.

이러한 협업 구조는 성과 측정이나 평가 제도의 영향을 많이 받는다. 협업을 장려하려면 부서별 KPI보다는 전사적인 관점에서의 OMTM을 잘 정의해야 한다. 동시에 성과 달성을 위해 치열하게 내부경쟁을 하기보다는 전사적으로 팀워크를 정비해서 외부와의 경쟁에 집중하는 것이 필요하다. 물론 이 과정에서 평가와 보상이 협업 성과를 반영하도록 설계돼 있어야 한다는 점도 놓쳐서는 안 된다. 예를 들면, 성장 실험을 기획하고 실행해서 성과를 낸 부서만큼이나 실험을 위한 환경을 구축하고 데이터를 수집/정제/처리하는 환경을 만드는 부서도 좋은 평가를 받을 수 있어야 한다.

5) 그로스 해킹은 언제부터 하면 될까?

많은 사람들이 가지는 오해 중 하나는 그로스 해킹을 하기 위해서는 엄청난 준비가 필요하다고 생각하는 것이다. 데이터 분석을 위한 환경도 잘 만들어져 있어야 하고, 데이터 분석가와 엔지니어도 필요하고, 그로스 실험을 할 수 있는 디자이너나 개발자, 마케터 등 인적 리소스도 충분해야 한다고 생각한다. 혹은 서비스가 일정 규모 이상 커야 한다고 생각하는 사람들도 있다. 특히 스타트업의 경우 아직은 그로스 해킹을 할 단계가 아니고 좀 더 사용자를 모으고 매출을 늘려서 서비스 규모가 커지면 그때 생각해 보겠다, 라는 이야기를 하면서 일단 미루는 경우도 많다.

하지만 그로스 해킹은 어떤 조건이 갖춰져야만 시작할 수 있는 것이 아니다. 데이터를 잘 활용할 수 있는 환경을 만들고, 실험을 기반으로 서비스의 성장을 추구하는 것은 시기를 막론하고 시도해 볼 수 있는 일이다. 회사가 위기일 때 급하게 데이터를 찾는 경우가 많은데, 조급한 마음으로 시작한 그로스 해킹이 성과를 내는 것은 쉽지 않다. 필요한 시스템을 구축하는 절대적인 시간이 필요하고, 업무 프로세스 변경에 따라 시행착오를 겪는 시간도 필요하기 때문이다. 특히 성장 실험의 경우 초기 1~2개월 이내에 의미 있는 성과를 여러 개 만들어내기란 굉장히 어려운 일이다.

앞서 설명한 대로, 데이터 수집과 전처리, 성장 실험을 도와주는 다양한 서비스의 적절한 도움을 받는다면 처음부터 많은 리소스를 한꺼번에 투자하지 않더라도 소수 인원으로 그로스 조직을 만들어서 실험을 진행하는 것이 어렵지 않다. 리더의 의지와 구성원들의 공감대가 형성돼 있고 성장의 대상이 되는 서비스가 어느 정도 모습을 갖추고 있다면 바로 지금이 그로스 해킹을 시작하기에 가장 적절한 시기일지도 모른다.

그로스 해킹을 공부하려는 사람들을 위해

그래서, 이제는 무엇을 하면 될까?

'그로스 해킹을 하고 싶은데 무엇을 어떻게 공부해야 할까요?'라는 질문을 종종 받는다. 사실 그로스 해킹에 대한 정형화된 커리큘럼이 있는 게 아니기 때문에 사람마다 그로스 해킹 공부를 위해 접근하는 방식은 제각각일 수밖에 없다. 정답이 있는 문제는 아니겠지만 개인적으로 그로스 해킹과 관련된 업무를 진행하고 공부를 하면서 필요하다고 생각했던 내용을 소개해 본다.

우선, 그로스 해킹은 몇 가지 꿀팁을 익힌다고 되는 게 아니라는 점을 기억해야 한다. 단순히 스킬셋 몇 개를 익힌다고 해서 서비스가 거짓말처럼 성장하는 일은 없다. 또한 다른 사람들의 블로그 글을 열심히 읽는다고 해서 내 실력이 느는 것은 아니다. 블로그 포스팅이나 뉴스레터 등의 토막글보다는 긴 호흡으로 공부해야 하는 책이나 강의가 실력 향상에는 훨씬 더 도움이 된다. 그로스 해킹에 대한 마인드셋을 강조하는 블로그 포스팅이 과연 내 서비스의 성장에 직접적인 도움이 될까? 혹은 우리 서비스와 전혀 다른 여건에서 경험한 성공 사례를 내 서비스에 그대로 반영할 수 있을까? (실제로 정말 중요한 부분은 대외비라는 이유로 대부분 포스팅 내용에 포함되지 않는다.)

시간이 걸리더라도 천천히 하나하나 공부해 나가는 정공법을 택해야 한다. 개인적으로 그로스 해킹을 위해 배워야 하는 사항은 다음의 5개 영역에 걸쳐 있다고 생각한다.

- 데이터 다루기
- 통계 & 실험 방법론
- 다양한 서비스와 툴 사용법
- 사용자 & 서비스 도메인에 대한 지식
- 협업

데이터 다루기

그로스 해킹을 위해 가장 많이 활용하게 되는 것은 데이터다. 이를 위해서는 데이터를 추출해서 내가 원하는 형태로 가공하는 능력이 필요하다. 서비스마다 조금씩 다르지만 대부분의 트랜잭션이나 이벤트 데이터는 관계형 데이터베이스에 저장된다. SQL을 다룰 수 있으면 데이터베이스에서 원하는 데이터를 추출할 수 있다. SQL은 데이터베이스를 다루기 위한 용도로 활용되는 언어로, 규칙이 비교적 간단하고 활용 목적이 명확해서 굳이 개발자가 아니더라도 배우는 것이 크게 어렵지 않다.

데이터 추출을 위해 SQL이 필요하다면 이후 추출된 데이터를 가공하려면 파이썬이나 R 같은 언어가 많이 사용된다. 엑셀이나 구글 시트도 대안이 될 수 있지만 큰 데이터를 다루기 어렵고 스크립트 기반 언어가 아니므로 히스토리 관리나 반복 작업이 어렵다는 문제가 있다. 파이썬과 R을 비교하거나 둘 중 무엇을 배워야 하는지에 대한 질문도 자주 받는데, 개인적으로는 그걸 고민하는 시간에 둘 중 아무거니 일단 시작해보라고 권하는 편이다. 언어마다 특성이 다르기 때문에 개인적인 호불호는 사람에 따라 갈릴 수밖에 없고, 일단 데이터 가공을 처음 공부하는 상황에서는 반드시 파이썬 혹은 R 중 하나를 고집해야 할 이유가 전혀 없다.

SQL, 파이썬, R을 공부하는 방법은 너무 많아서 선택하기 어려울 정도다. Coursera, Udemy, DataCamp 등의 동영상 강의 플랫폼이 널리 알려져 있고, 영어가 부담스럽다면 인프런이나 생활코딩, 에드위드 등의 국내 서비스에도 좋은 강의가 많이 올라와 있다. 물론 관련 도서도 엄청나게 많이 출간돼 있기 때문에 의지를 가지고 꾸준히 시간을 투자할 수 있다면 기본적인 데이터 추출/가공 방법을 익히는 것이 어렵지 않을 것이라고 생각한다.

- Coursera: https://www.coursera.org

- Udemy: https://www.udemy.com

- DataCamp: https://www.datacamp.com

- 인프런: https://www.inflearn.com

- 생활코딩: https://opentutorials.org

- 에드위드: https://www.edwith.org/

R이나 파이썬을 공부할 때 유의해야 할 점은 맥락 없이 함수를 하나하나 따라서 입력해 보는 식으로 공부하는 게 굉장히 비효율적이라는 점이다. (영어 공부를 할 때 영어 사전을 A부터 덮어놓고 외우는 게 크게 의미 없는 것과 비슷하다고 생각한다.) 개인적으로 추천하는 방법은 기존에 엑셀로 하던 작업을 그대로 파이썬이나 R로 옮겨보는 것이다. 처음에는 굉장히 단순한 작업만 옮길 수 있을 것이다. 또한 엑셀에서 작업할 때보다 훨씬 더 많은 시간이 걸릴 수도 있다. 하지만 반복해서 연습하다 보면 파이썬이나 R 같은 스크립트 언어를 통해 데이터를 다루는 게 굉장히 편하다는 점을 경험할 수 있다. 파이썬이나 R을 얼마나 많이 공부해야 하는지에

대한 질문을 종종 받는데, 개인적으로 그 질문에 대한 답은 '엑셀을 쓰는 것보다 파이썬이나 R을 써서 데이터를 처리하는 게 더 편하다는 느낌이 들 때까지'다.

통계 & 실험 방법론

예측이나 분류에 대한 모델링 업무를 하는 데이터 사이언티스트가 되려면 수학과 통계학에 대한 깊은 이해가 필요하지만 그로스 해킹을 시작하는 데 필요한 통계 지식은 대학교 통계학 개론 정도면 충분하다고 생각한다. 앞에서 언급한 동영상 강의 플랫폼 외에도 정규 교육과정에 가까운 서비스를 제공하는 칸 아카데미나 각 대학교의 온라인 공개수업(MOOC, Massive Open Online Courses) 사이트를 활용하면 기초 수학이나 통계에 대한 자료를 많이 찾을 수 있다. 국내에서는 K-MOOC, Star-MOOC, KOCW 등이 잘 알려져 있다. 그뿐만 아니라 유튜브에도 꽤 좋은 통계 강의들이 많이 올라와 있다.

- **칸 아카데미**: https://ko.khanacademy.org/

- **K-MOOC**: https://www.kmooc.kr

- **Star-MOOC**: https://www.starmooc.kr

- **KOCW**: http://www.kocw.net/

물론 동영상 강의보다 책을 더 선호한다면 통계학 개론에 해당하는 대학 교재를 활용하는 것도 좋은 방법이다. 굳이 딱딱하고 어려운 대학 교재 말고도 쉽게 쓰여진 통계학 교양서적도 최근에 많이 출간됐으니 자신에게 잘 맞는 공부 방법을 찾아보자.

- 《숫자에 약한 사람들을 위한 통계학 수업》(웅진지식하우스, 2020)
- 《통계학 도감》(성안당, 2018)
- 《데이터 과학을 위한 통계》(한빛미디어, 2018)
- 《따라하며 배우는 데이터 과학》(제이펍, 2017)

다양한 서비스와 툴 사용법

회사나 서비스마다 다르지만 데이터 분석이나 그로스 해킹을 위해 굉장히 많은 툴들을 사용한다. 구글 애널리틱스나 파이어베이스 애널리틱스 등의 로그 분석 서비스, 앱스플라이어나 애드저스트 등의 어트리뷰션 서비스, 브레이즈(Braze)나 메일침프(MailChimp) 같은 마케팅 자동화 서비스, 만약 퍼포먼스 마케팅을 직접 담당한다면 페이스북, 구글, 네이버, 카카오 등 주요 매체의 광고 관리자 기능까지 익히고 사용할 수 있어야 한다.

새로운 툴을 도입하기로 결정을 했다면 해당 서비스의 기능을 잘 이해하고 효과적으로 활용하기 위한 공부가 필요하다. 실제로 많은 경우 개발자들에게 부탁해서 기본적인 연동 정도는 해 두지만 연동 이후에 각각의 툴을 충분히 잘 활용하지 못하는 경우가 많다. 특히 기능이 많고 복잡한 툴의 경우 담당자의 이해도 수준에 따라 회사마다 활용 수준이 현저하게 차이나는 경우도 많다. 가장 흔한 로그 분석 툴인 구글 애널리틱스만 하더라도 잘 쓰는 회사와 못 쓰는 회사의 활용 수준은 천차만별이다.

많은 사람들이 간과하는데, 실제로 이러한 툴을 이해하기 위해 가장 먼저 살펴봐야 하는 것은 공식 가이드 문서다. 대부분의 서비스는 공식 가이드 문서를 굉장히 잘 제공하고, 일부 신규 서비스를 제외하면 한글로 번역도 잘 돼 있는 편이다. 가이드 문서를 공부하고 실무에서 개별 기능을 활용해

보는 과정에서 개인 블로그 등 토이 프로젝트에 적용해 보는 것도 좋은 방법이다.

- 구글 애널리틱스 아카데미: https://analytics.google.com/analytics/academy/

- 태블로 공식 학습자료: https://www.tableau.com/ko-kr/learn

- AppsFlyer Support: https://support.appsflyer.com/hc/ko

- Braze Documentation: https://www.braze.com/docs

- Redash Knowledge Base: https://redash.io/help/

- 페이스북 광고주 지원센터: https://www.facebook.com/business/help

사용자 & 서비스 도메인에 대한 지식

그로스 해킹 프로젝트를 진행하려면 데이터와 통계에 대한 기술적인 지식만큼이나 담당하고 있는 서비스 도메인과 업무 영역에 대한 지식이 반드시 필요하다. 분석'만' 잘 하는 데이터 분석가들만으로는 비즈니스의 중요한 문제를 풀 수 없다. 다음 질문에 대해 고민하고 답을 찾아보면서 담당하는 서비스 도메인에 대해 깊이 있게 이해하고 있어야 한다.

- 우리 서비스는 어떤 카테고리에 속해 있고, 경쟁자는 누구인가?

- 그 카테고리에 속한 서비스들은 어떤 특성이 있는가?

- 서비스 사용자는 누구이고, 어디에서 만날 수 있는가?

- 우리는 어떻게 돈을 벌고 있는가?

- 우리 서비스와 관련된 법이나 규제는 어떠한가?

- 우리 서비스 및 관련 카테고리는 지난 10년간 어떻게 발전해 왔는가?

협업

그로스 해킹 전반에 걸쳐 강조되는 개념은 '성장'인데, 이때의 성장은 '개인의 자아실현'이 아니라 '서비스와 팀의 성장'이라는 점을 기억해야 한다. 내가 담당하는 업무의 전문가가 되는 것은 물론 중요하지만 그로스 해킹이 성과를 내려면 개개인의 업무가 모여서 만드는 전체 결과물의 완성도가 높아야 한다. 이 과정에서 반드시 필요한 부분이 협업이다.

앞서 강조한 대로 그로스 해킹은 팀 스포츠다. 똑똑한 개인이 아니라 다양한 직군의 구성원들이 모여서 내는 협업의 성과가 곧 그로스 조직의 성과가 된다. 물론 좋은 동료들이 옆에 있다면 훨씬 더 효율적으로 협업할 수 있고 빠른 속도로 성장할 수 있다. 어떻게 하면 좋은 동료들을 만날 수 있을까? 진부하게 들릴 수도 있지만 좋은 동료를 만나는 가장 빠른 방법은 스스로 좋은 동료가 되는 것이다. 함께 프로젝트를 진행하는 동료들 사이에서 신뢰라는 자산을 잘 쌓아 두는 사람은 동료들의 적극적인 지원과 지지를 받으며 빠르게 성장할 수 있다.

맺는 글

그로스 해킹은 어려운 일이지만 동시에 굉장히 즐거운 일이기도 하다. 나는 대기업과 스타트업을 모두 경험했는데, 회사 규모와 상관없이 그동안의 커리어에서 가장 즐거웠던 순간은 '내가 만드는 서비스가 사용자들의 사랑을 받으면서 성장하는 게 느껴질 때'였다. 물론 서비스가 빠르게 성장하고 있을 때 개인적으로도 크게 성장할 수 있었다.

그로스 해킹을 하면서 성장의 즐거움을 느꼈던 적을 떠올려 본다.

- 중요한 지표를 찾아냈을 때

- 실험 결과가 긍정적이고 이를 통해 서비스 지표를 개선했을 때

- 협업을 통해 의미 있는 성과를 만들어 낼 때

- 새로운 지식과 경험을 배우면서 서비스뿐 아니라 개인이 성장한다는 느낌이 들 때

내가 경험했던 성장의 즐거움을 여러분도 경험할 수 있었으면 좋겠다.

모두의 성장을 응원한다.

인프런 강의 할인쿠폰

강의 제목: 그로스해킹 – 데이터와 실험을 통해 성장하는 서비스를 만드는 방법

강의 URL: bit.ly/growth_2021

쿠폰코드: GROWTH–BOOK

할인금액: 5,000원

유효기간: 2021년 12월 31일까지